示范性职业教育重点规划教材

电力机车高低压试验

主编　何旭东　张吉婷
　　　郭　雷　刘　畅

西南交通大学出版社
·成　都·

图书在版编目（CIP）数据

电力机车高低压试验 / 何旭东等主编. —成都：西南交通大学出版社，2019.8
示范性职业教育重点规划教材
ISBN 978-7-5643-7065-7

Ⅰ. ①电… Ⅱ. ①何… Ⅲ. ①电力机车 – 高压电器 – 牵引电器 – 车辆试验 – 高等职业教育 – 教材②电力机车 – 低压电器 – 牵引电器 – 车辆试验 – 高等职业教育 – 教材 Ⅳ. ①U264

中国版本图书馆 CIP 数据核字（2019）第 178952 号

示范性职业教育重点规划教材
Dianli Jiche Gaodiya Shiyan
电力机车高低压试验

主　编　何旭东　张吉婷　郭　雷　刘　畅
责任编辑 / 张文越
封面设计 / 何东琳设计工作室

西南交通大学出版社出版发行
（四川省成都市金牛区二环路北一段 111 号西南交通大学创新大厦 21 楼　610031）
发行部电话：028-87600564　028-87600533
网址：http://www.xnjdcbs.com
印刷：成都中永印务有限责任公司

成品尺寸　185 mm × 260 mm
印张　6　　字数　147 千
版次　2019 年 8 月第 1 版　　印次　2019 年 8 月第 1 次

书号　ISBN 978-7-5643-7065-7
定价　28.00 元

课件咨询电话：028-87600533
图书如有印装质量问题　本社负责退换

贵阳职业技术学院教材
编写委员会名单

序　言

本教材以项目教学为特色，内容循序渐进，融理论知识、实践技能、应用环境为一体，以韶山 3 型 4000 系电力机车为例，把每一个教学项目的内容构建成相对独立的模块。模块的筛选和组织以工作过程中的典型任务为载体，强化学生专业能力和非专业能力的训练。

本教材主要有以下特点：

（1）教材内容针对铁道机车专业电力机车检修岗位，介绍该岗位的典型工作任务应具备的知识和技能。

（2）教材内容与本专业职业资格标准要求一致。

（3）在职教专家的指导下，教材采用标准化编写方法，在内容安排和组织形式上进行了新的尝试，为“做、学、教”一体化的教学奠定基础。

（4）通过企业调研，邀请企业的工程师、高级技师、技师等一线专家参与教材的编写，使教材更贴近生产实践。

本教材共 6 个项目，由贵阳职业技术学院何旭东等担任主编。参加本书的编写工作的有：贵阳职业技术学院何旭东负责编写项目一、项目六，张吉婷负责编写项目二，郭雷负责编写项目三，刘畅负责编写项目四、项目五，罗闯、方万鼎、马进先、王宝泉、张棋宣对教材提出了宝贵的修改意见。

本教材在编写过程中，得到了成都铁路局集团有限公司贵阳机务段的大力支持，在此表现衷心感谢。

由于编者水平有限，书中难免存在的不妥之处，敬请读者批评指正。

编　者

2019 年 5 月

目　录

项目一　低压整备控制试验

一、项目任务及要求

项目任务：掌握韶山 3 型 4000 系电力机车低压整备试验。

时间要求：18 课时。

质量要求：高低压试验是乘务员出乘前对机车电气性能进行测试的必要试验，以保障机车电气安全，而整备控制试验是低压试验的第一步，包括了电气联锁、主断路器控制、劈相机组启动、辅助电机控制电路、辅助电机故障隔离控制等试验，针对主断路器、劈相机、辅助电机等电气设备的线路通路进行了测试，必须严格按照试验顺序进行逐步测试。

安全要求：确认机车各部无人作业；司机室、低压柜、高压柜、变压器室及车顶均无异物；升弓前低压试验各环节电路正确。

文明要求：自觉按文明生产规则进行项目作业。

环保要求：努力按照环境保护要求进行项目作业。

二、项目分析

（一）项目任务理论

（1）保护阀和风速时间继电器的电路线路原理。

（2）主断路器的控制线路原理。

（3）劈相机组的启动控制线路原理。

（4）辅助电机的启动控制线路原理。

（5）辅助电机故障隔离控制线路原理。

（二）任务分析

整备控制是低压试验的第一步，包括电气联锁试验、主断路器控制电路试验、劈相机组启动控制电路试验、辅助电机控制电路试验、辅助电机故障隔离控制试验。此任务要求学生结合电气联锁、劈相机启动、辅助电机启动等控制原理，按照步骤观察相对应继电器的动作，仔细听继电器的吸合和释放时发出的响声，并根据响声判断电气是否正常。

1. 低压试验准备工作

（1）闭合控制电源柜 KJDK、DCK、KGK 闸刀（见图 1-1），电源柜转换开关转至 A 组，确认控制电压不低于 92.5 V，电子柜冷却风扇转动。

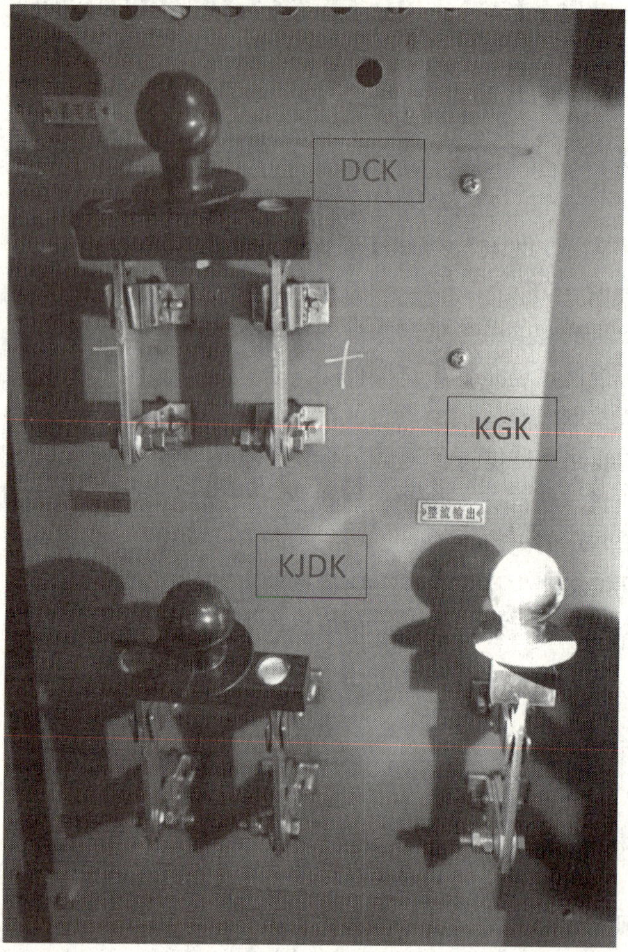

图 1-1　电源控制柜闸刀

（2）电子柜转换开关转至 A 组。

（3）打开总风缸 113#塞门，确认总风缸风压不低于 700 kPa，各风路塞门处于正常位置。

（4）将牵引风速故障开关 1FJK、制动风速故障开关 2FJK 和零压故障开关 LYK 置于“故障位”。

三、任务实施路径与步骤

（一）任务路径

任务路径如图 1-2 所示。

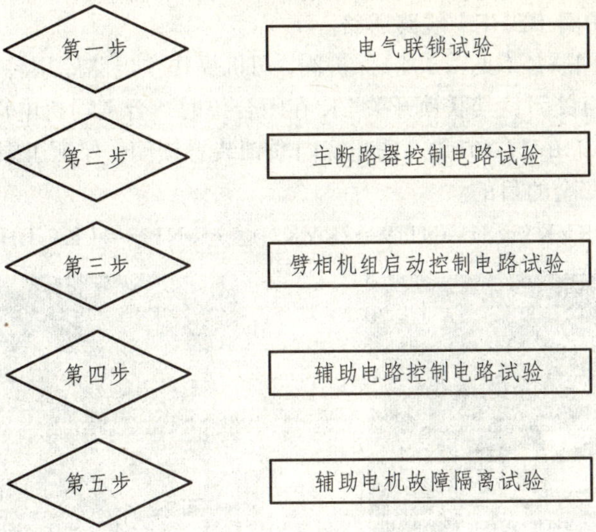

图 1-2　任务路径

（二）任务步骤

以下步骤以 I 端司机室操作为例。

1. 电气联锁试验

操作步骤：

（1）闭合电钥匙（1DSK），听保护阀（BHF）得电后门联锁动作声；听风速时间继电器（FSJ）的吸合声；看“主断”“油泵”“预备”“零位”信号指示灯亮，指示灯示如图 1-3 所示。

图 1-3　机车指示灯

（2）断开电钥匙（1DSK），听保护阀（BHF）失电后，门联锁释放声；听风速时间继电器（FSJ）延时释放声；看“主断”“油泵”“预备”“零位”信号指示灯灭。

1DSK 开关重复试验几次，注意确认 131#塞门是否开放，试后闭合。

注意：113#塞门主要控制撒沙。

理论链接 1：保护阀（BHF）线路通路。

BHF 是机车高压门联锁（见图 1-4）保护阀，司机操作主电路库用转换开关 1KYK、2KYK 于运行位时，车顶车窗关闭，其联锁开关 LK 在闭合位时，合上司机电钥匙开关 1DSK，则保护阀 BHF 从控制电路 110 V（401 线）得电，门联锁装置锁闭。保证了乘务人员不能开门误入高压室，达到了确保安全的目的。

线路为：N401→1KYK（运）→N119→2KYK（运）→N118→LK→BHF→N300（见图 1-5）。

（a）

（b）

图 1-4　保护阀和门联锁开关

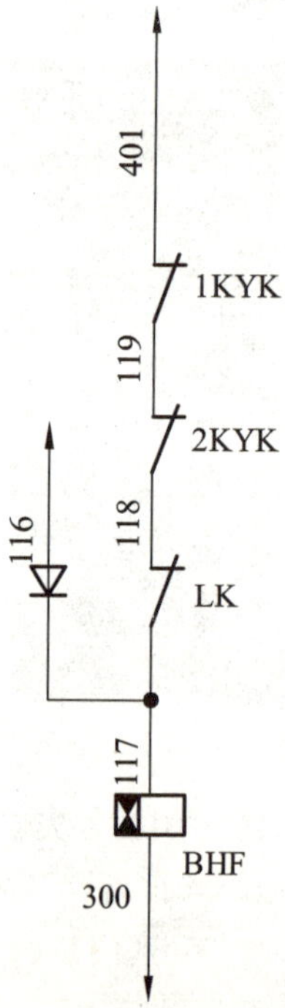

图 1-5　保护阀控制电路

理论链接 2：风速时间继电器（FSJ）线路通路。

当闭合电钥匙 1DSK 时，301 号线有电，送入 110 V 电压，经过风速时间继电器故障隔离开关 1FJK 和 2FJK 接通风速时间继电器线圈(FSJ)，FSJ 得电吸合。风速时间继电器控制线路如图 1-6 所示。

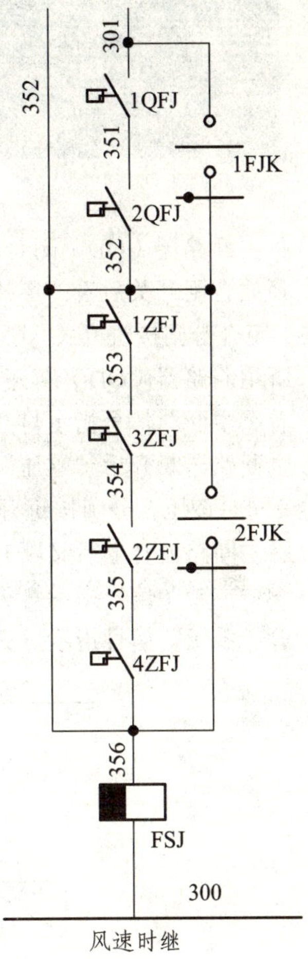

图 1-6　风速时间继电器控制线路

线路为：N301→1FJK（故）→N352→2FJK（故）→N356→FSJ（线圈）→N300。

实施过程中容易出现的问题：

（1）闭合 1DSK，显示屏信号灯“主断”“预备”“零”，信号控制线路图如图 1-7 所示。

① 导线 245 无电，而导线 240 有电，则查找电源柜及其插件板的故障。

② 导线 245 无电，而导线 240 也无电，查找“自位”“油泵”信号均没有显示。

③ 导线 550 无电，查找 1 DSK 接点接触的情况。动开关 10ZK 是否跳开，可合上 10ZK 再试。

（2）合上 1DSK，仅“主断”信号灯不显示。

① 主断路器辅助联锁 QDK 常闭触点接线 541、300 虚接。

② 主断路器卡在中间位使联锁不到位。

③ 信号灯本身质量故障。

（3）合上 1DSK，“零位”信号灯不显示。

① 零位中间继电器 LWZJ 联锁线 2034、300 虚接或该点接触不良。

② 信号灯本身故障。

③ 司机控制器手柄不在零位。

④ 导线 2004、2003、2002、2001 等接线存在虚接。

⑤ 常闭联锁 LC（2004、2011）、6XC（2011、2012）、5XC（2012、2013）、4XC（2013、2014）、3XC（2014、2015）、2XC（2015、2016）、1XC（2016、2017）存在接点不良或者是接线松脱。

（4）闭合 1DSK，变压器“油泵”信号灯不显示。

① 变压器油留继电器 LYJ 常闭联锁导线 546 和 300 虚接。

② “油泵”信号灯本身故障。

2. 主断路器控制电路试验

操作步骤：

（1）按压 1ZKZ2 或 2ZKZ2 合闸按键开关，各按键开关位置如图 1-7 所示。

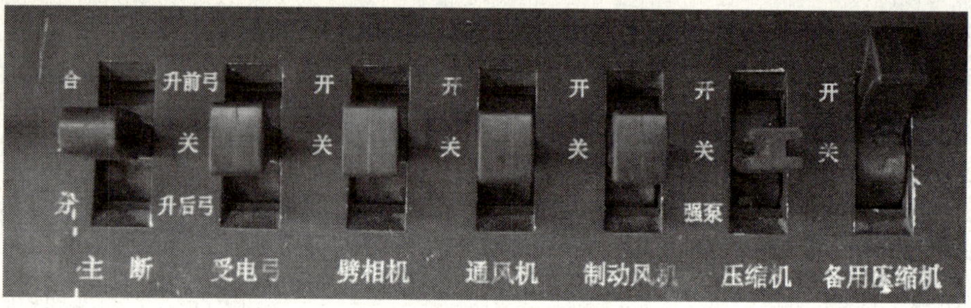

图 1-7　操作台各按键开关

① 听主断路器（QD）闭合声，看“主断”信号指示灯灭。

② 释放合闸开关后看“零压”信号指示灯亮。应反复试验几次，确认塞门是否开放。

（2）闭合分闸按键开关。

① 听主断路器（QD）断开声。

② 看“主断”信号指示灯亮。

③ 主断路器断开后“零压”信号指示灯不灭。应反复试验几次，确认塞门是否开放。

（3）同时按压合分闸按键开关。

① 听主断路器合上后又断开。

② 看“主断”信号指示灯灭后又亮。信号控制线路见图 1-8。

③ 看“零压”信号指示灯灭。继电器 FZJ 良好后闭合主断路器。

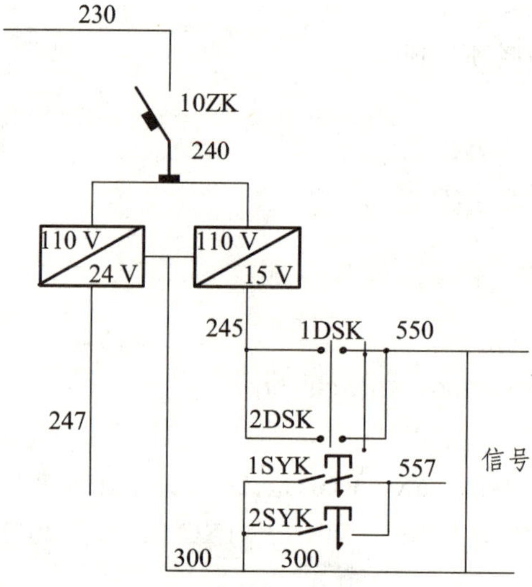

图 1-8　信号控制线路

理论链接 3：主断路器合、分闸线路。

主断路器合闸是通过合闸线圈得电来作用，当司机控制器状态和主电路状态处在“0”位、风压保护继电器 2FYJ 在风压大于 450 kPa 时闭合，按下 1ZKZ1 或 2ZKZ1 接通合闸线圈。图 1-9 所示是主断路器控制线路。

线路为：N401→1ZKZ2 或 2ZKZ2→N404→LWZJ（常开闭合）→N405→FZJ（常闭）→N406→QDK（常闭）→N408→⊞（合闸线圈）→N407→2FYJ（常开闭合）→N300。主断的辅助开关 QDK 断开主断的指示灯信号，主断指示灯灭。

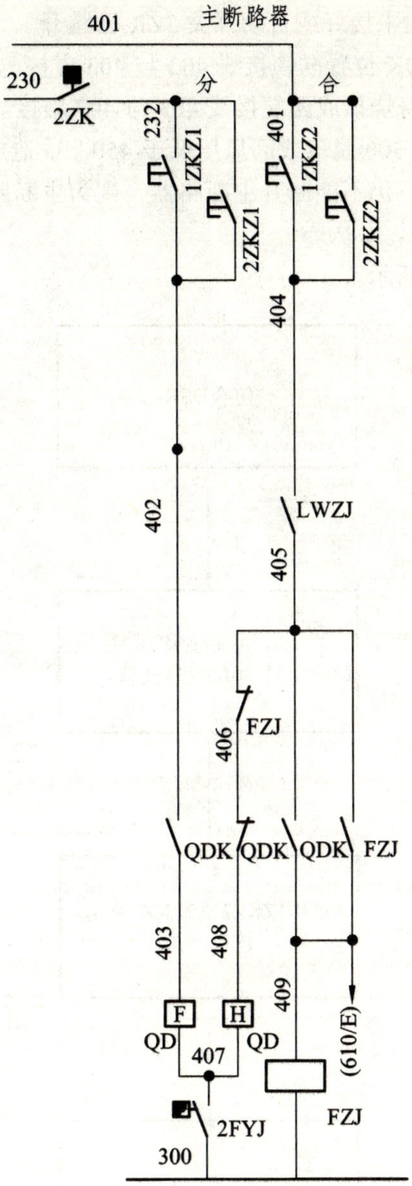

图 1-9　主断路器控制线路

同理，主断路器分闸是在分闸线圈得电实现主断路器的断开。

线路为：N230→2ZK→N232→1ZKZ1 或 2ZKZ1→N402→QDK→N403→Ⓕ（分闸线圈）→N407→2FYJ（常开闭合）→N300。

同时，分闸按键接通零压中间继电器，并自锁，零压信号灯亮。

线路为：N230→2ZK→N232→1ZKZ1 或 2ZKZ1→N402→FZJ（常闭）→LYSJ（常闭）→LYZJ（线圈）→QDK（常开联锁）→N300。

实施过程中容易出现的问题：

如闭合主断路器断按键开关，QD 断不开，原因为：

① 主断按键 1ZKZ1（2ZKZ1）不良或接线松脱。

② 232 导线无电，即该线未接好或自动开关 2ZK 已跳开。

③ 主断路器转换开关 QDK 位置联锁接线 402 与 403 虚接。

④ 主断路器分闸线圈本身烧损或两端接线 403 与 407 虚接。

⑤ 2FYJ 两端接线 407 与 300 脱落或因风压低于 450 kPa 造成联锁触点断开。

⑥ 手按分闸电磁铁阀杆，仍不能断开主断路器，则为主断路器机械故障如转动瓷瓶或转轴等故障。

试验操作顺序如图 1-10 所示。

图 1-10　电气联锁、主断路器控制试验操作顺序

实验名称：电气联锁、主断路器控制试验

【实验目的及要求】

【实验原理】

【实验步骤】

【实验记录】

3. 劈相机组启动控制电路试验

操作步骤：

（1）闭合劈相机按键开关（1ZKZ5 或 2ZKZ5）。

① 听劈相机启动电阻接触器（QRC）及第一劈相机接触器（1PXC）吸合声。

② 听劈相机时间继电器（1～2PXSJ）、压缩机时间继电器（1～2YSJ）、牵引通风机时间继电器（1～3QFSJ）、制动风机时间继电器（ZFSJ）的吸合声。

③ 听压缩机空载启动放风阀（1～2YQF）得电后排风声。

（2）断开劈相机按键开关。

① 听劈相机启动电阻接触器（QRC）、劈相机接触器（1PXC）失电释放声。

② 听劈相机时间继电器（1～2PXSJ）、压缩机时间继电器（1～2YSJ）、牵引通风机时间继电器（1～3QFSJ）、制动风机时间继电器 ZFSJ 失电释放声。

③ 听压缩机空载启动放风阀（1～2YQF）失电释放声。

（3）闭合劈相机按键开关，按压 1DYJ 试验按钮。

① 听劈相机中间继电器（PXZJ）吸合声，延时 1 s 后听 1PXSJ 释放声及 QRC 失电释放声。

② 听第二劈相机接触器（2PXC）吸合声，延时 3 s 后听 2PXSJ 释放声。

（4）松开 1DYJ 试验按钮。

无任何释放声（主要试验 PXZJ 自持接点是否良好）。

（5）1PXK 置故障位后闭合劈相机按钮。

听 QRC、2PXC 及时间继电器 1～2PXSJ、1～2YSJ、1～3QFSJ、ZFSJ 吸合声。

（6）闭合通风机按键开关。

无接触器吸合声（主要试验 2PXSJ 电路中的 PXZJ 常闭联锁是否良好）。

（7）按压 1DYJ 试验按钮。

① PXZJ 吸合 1 s 后听 QRC 释放声。

② 3 s 后听 2PXSJ 释放声。

（8）2PXK 置故障位后闭合劈相机按钮。

听 QRC 和 1PXC 以及 8 个时间继电器的吸合声。

（9）按压 1DYJ 试验按钮。

① PXZJ 吸合 1 s 后听 QRC 释放声。

② 3 s 后听 2PXSJ 释放声。

（10）恢复开关 2PXK 于运行位。

听 2PXC 的吸合声。

（11）按压劈相机辅保插件试验按钮。

① 听 2PXC 释放声，2PXSJ 吸合声。

② 闭合辅机按键，应无接触器吸合（此步主要试验 2PXSJ 回路中的 2PXK 的运位接点及 2PXC 常闭联锁）。

注意：劈相机是一种结构特殊、用途特殊的三项异步电机，它是一种能实现单相交流电变三相交流电的异步电机，用于一切由单相电源供电，而又以三相异步电动机为负载的场合。劈相机的启动方式分为两种：

（1）辅助电机启动。

在劈相机的转轴上安装一台辅助电动机，启动时先由辅助电动机带动劈相机转子转动，待劈相机转速到达一定速度时，将劈相机投入单相电网，并切除辅助电机的电源。

（2）分相电阻启动。

启动时，在某一相加入启动电阻，当劈相机启动转矩达到最大值时，将电阻切断。

韶山 3 型 4000 系电力机车有两台劈相机，其中一台采用的是分相启动，即加入电阻启动，另一台采用的是利用前一台劈相机启动完成后，带动后一台劈相机的启动。劈相机主电路如图 1-11 所示，启动过程是：

① 当劈相机按键被按下，QRC 线圈得电，QRC 常开触点接通 1PXC 接触器线圈，同时 1PXC 自锁，劈相机 1PX 分相启动。

② 当劈相机 1PX 的启动后，通过劈相机启动接触器 1DYJ 测量劈相机 1PX 发出的电动势，当电压达到 209 V 时，1DYJ 常开触点动作，接通 PXZJ 线圈，PXZJ 常闭触点切断 1PXSJ 线圈电路，并延时 1 s 释放动作，则 1PXSJ 联锁切断 QRC 线圈电路，切除启动电阻完成了劈相机电阻分相启动。

③ 此后，1PXC、PXZJ、1PXSJ 联锁接通导线 431～439，再经 2PXK 转换开关、2GJZ 过流继电器联锁，使第二台劈相机接触器 2PXC 线圈得电吸合，则 2PX 在 1PX 提供三相电源情况下进行三相启动。2PXC 联锁切断 2PXSJ 线圈，延时 3 s，两台劈相机完成启动。

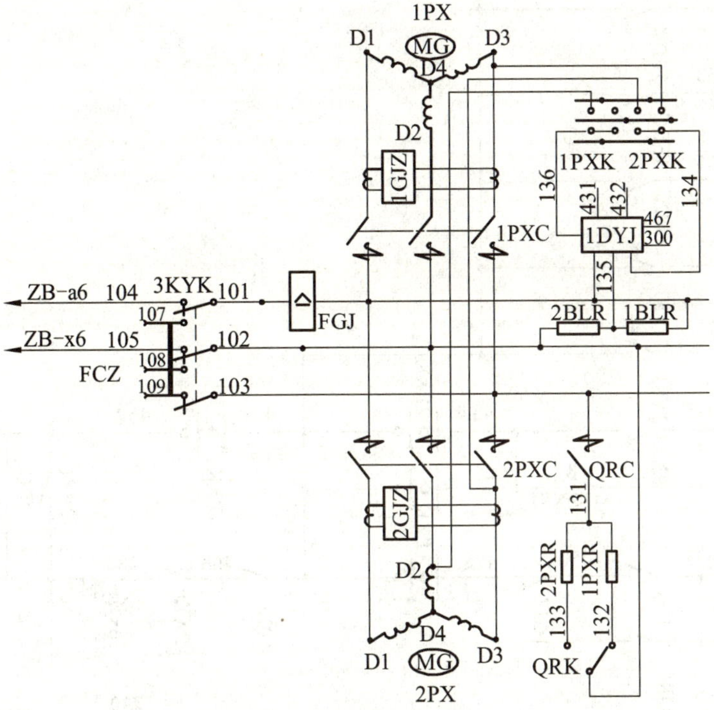

图 1-11　劈相机主电路

理论链接 4：劈相机启动控制线路分析。

按下 1ZKZ5 或者 2ZKZ5，劈相机的控制线路如图 1-12 所示，接通劈相机启动电阻接触器（QRC）和第一劈相机接触器（1PXC），同时接通劈相机时间继电器（1～2PXSJ）、压缩机时间继电器（1～2YSJ）、牵引通风机时间继电器（1～3QFSJ）、制动风机时间继电器（ZFSJ）。

其中 QRC 的线圈得电后，常开触点动作，接通 1PXC 的线圈，QRC 和 1PXC 的线路为：

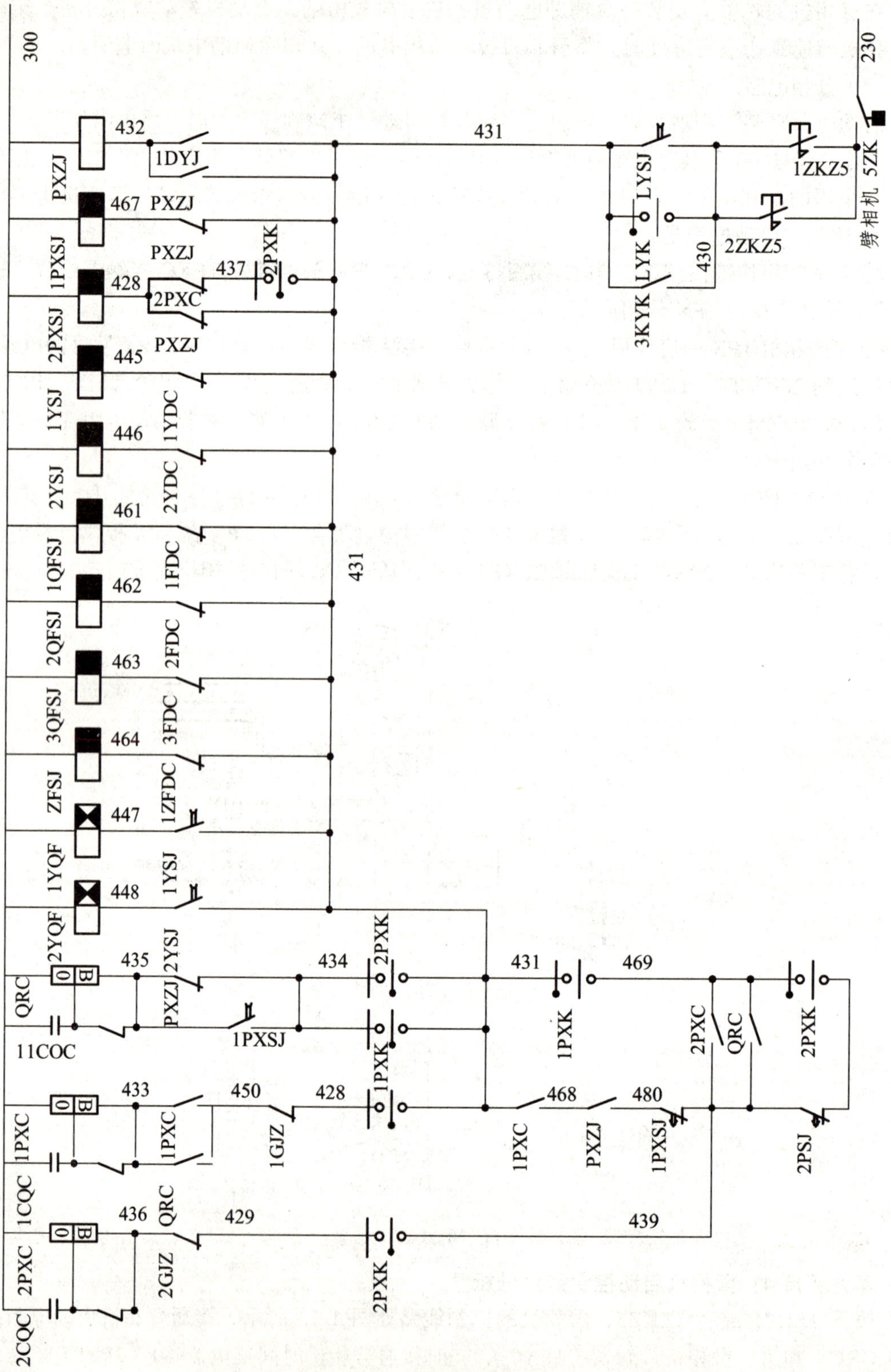

图 1-12　劈相机控制电路

N230→5ZK→1ZKZ5 或 2ZKZ5→LYSJ（常开）→N431→2PXK（运位）→N434→PXZJ（常闭）→QRC（线圈）→N300；

N230→5ZK→1ZKZ5 或 2ZKZ5→LYSJ（常开）→N431→1PXK（运位）→N428→1GJZ→N450→ QRC（常开）→N433→1PXC（线圈）→N300。

按下 1DYJ 试验按钮，接通 PXZJ 线圈，PXZJ 常开触点断开 1PXSJ 线圈电路，延时 1 s 后接通 2PXC 线圈，劈相机 2 得电，线路为：

N230→5ZK→1ZKZ5//2ZKZ5→LYSJ（常开）→N431→1PXC（常开）→N468→PXZJ（常开）→N480→1PXSJ（常闭）→N439→2PXK（运位）→N429→2GJZ→N436→2PXC（线圈）→N300。

当闭合开关 1ZKZ5 或 2ZKZ5，QRC 和 1PXC 继电器线圈会失电，同时劈相机时间继电器（1～2PXSJ）、压缩机时间继电器（1～2YSJ）、牵引通风机时间继电器（1～3QFSJ）、制动风机时间继电器 ZFSJ 的线圈失电。

理论链接 5：劈相机故障状态下操作。

劈相机的故障转换是通过故障转换开关 1PXK 和 2PXK 来完成的。当第一劈相机 1PX 有故障时，转换 1PXK 置故障位，切断 1PXC 线圈电路，同时短接 431～469。在 QRC 吸合后，接通 469～439，使 2PXC 线圈得电吸合并自锁，这样使第二台劈相机 2PX 利用单相电阻分相启动。反之，当 2PX 故障时，转换 2PXK 置故障位，切断 2PXC 线圈电路，这样在 1PX 启动后 2PX 不再投入工作。低压试验中分别测试在 1PXK 置故障位和 2PXK 置故障位时，测试相应的继电器的动作，判断其是否故障。

实施过程中容易出现的问题：

（1）按下 1ZKZ5、2ZKZ5，劈相机起动电阻接触器 ORC 和劈相机接触器 1PXC 不吸合，其他各时间继电器亦不吸合。

① 自动开关 5ZK 跳开。

② 劈相机按键开关 1ZKZ5（2ZKZ5）触点接触不良。

（2）按下 1ZKZ5、2ZKZ5，劈相机起动电阻接触器 QRC 不吸合。

① 劈相机起动电阻接触器 QRC 本身的保持线圆两端并联的一对常闭输助触头虚接。使接触器衔铁因吸力不足从而导致接触器不能正常工作。

② 接在导线 434 和 435 之间的劈相机中间继电器 PXZJ 常闭联锁卡在中间位面未能闭合。

③ 因 QRC 接触器本身的保持线圈或启动线圈烧损、接线脱落造成。

（3）按下 1ZKZ5、2ZKZ5，虽然劈相机起动电阻接触器 QRC 闭合，但劈相机接触器 1PX 不能吸合。

① 接在导线 450 和 433 之间的 QRC 常开联锁虚接。

② 1PXC 接触器本身线圈烧损、接线脱落、内部常闭联锁连接线虚接。

③ 劈相机过流保护装置内 1GJZ 常闭联锁触头接触不良或端子接线 428 和 450 虚接。

④ 劈相机隔离开关 1PXK 在导线 431 和 428 间的触头接触不良。

（4）按下 1ZKZ5、2ZKZ5，各时间继电器 1PXSJ、2PXSJ、1YSJ、2YSJ、1QFSJ、2QFSJ、3QFSJ、ZFSJ 全部或其中一个不吸合。

① 零压保护转换开关 LYK 接触不良或导线 430、431 虚接。

② 各相应时间继电器电路中的常闭联锁 PXZJ、1YDJ、2YDC、1FDC、2FDC、3FDC、1ZFDC 触头接触不良或相应导线虚接。

（5）在Ⅰ端低压电器柜上人为地按下劈相机中间继电器 PXZJ 的衔铁，则 PXZJ 应得电吸合并自锁。此时劈相机时间继电器 1PXSJ 因 PXZJ 常闭联锁断开而失电，经 1 s 延时后衔铁和常开联锁释放，QRC 应失电断开。劈相机接触器 2PXC 得电吸合，劈相机时间继电器 2PXSJ 失电，2PXSJ 常闭联锁闭合。

如按下 PXZJ 的衔铁，2PXC 不吸合，有下列原因：

① 连接 1PXC 常开联锁两端的导线 431 和 468 虚接。

② 连接 PXZJ 常开联锁两端的导线 468 和 480 虚接。

③ 连接 1PXSJ 常闭联锁两端的导线 480 和 439 虚接。

④ 劈相机故障转换开关 2PXK 导线 439 和 429 之间的接点接触不良。

⑤ 劈相机过流保护装置内 2GKZ 的常闭联锁触头接触不良或端子接线 429 和 436 虚接。

⑥ 因接触器 2PXC 本身的保持、起动线圈烧损或接线脱落造成。

试验操作顺序如图 1-13 所示。

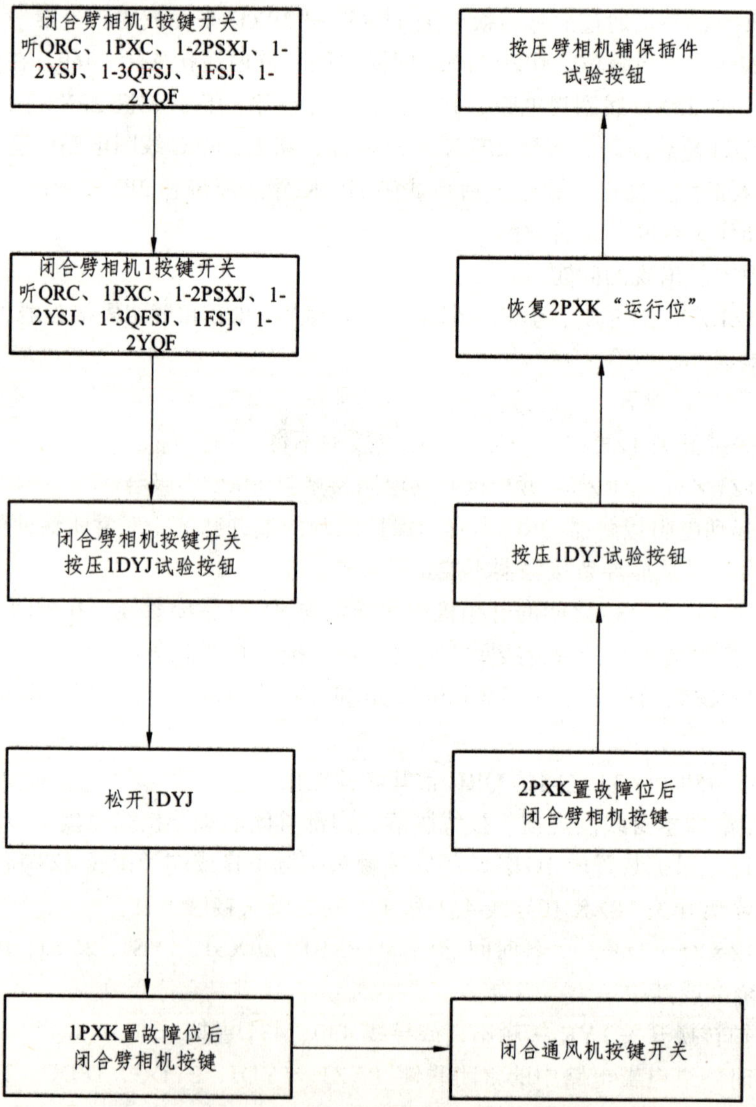

图 1-13 劈相机试验

实验名称：劈相机试验

【实验目的及要求】

【实验原理】

【实验步骤】

【实验记录】

4. 辅助电机控制电路试验

操作步骤：

（1）闭合压缩机按键开关。

① 听第一压缩机接触器 1YDC 吸合声。

② 延时 3 s 后 1YSJ 释放，听 2YDC 吸合声。

③ 再延时 3 s 后听 2YSJ 释放声。

（2）闭合通风机按键开关。

① 听第一通风机接触器 1FDC 和变压器油泵接触器 BDC 吸合声，延时 3 s 后听 2FDC 吸合声，再延时 3 s 后，听 3FDC 及变压器通风机接触器 BFDC 吸合声。

② 再延时 3 s 后 3QFSJ 释放，听 4FDC 吸合声。

（3）闭合制动通风机按键开关。

① 听第一制动通风机接触器 1ZFDC 吸合声，Ⅰ端制动百叶窗电空阀 1ZFF 得电后百叶窗打开声。

② 延时 3 s 后听第二制动通风机接触器 2ZFDC 吸合声，Ⅱ端制动百叶窗电空阀 2ZFF 得电后百叶窗打开声。

理论链接 6：压缩机控制线路。

韶山 3 型 4000 系电力机车上有两台空气压缩机，为总风缸提供风源，按下压缩机按键开关 1ZKZ6 或 2ZKZ6，控制其中一台压缩机的接触器 1YDC 线圈得电，1YDC 常闭触点断开 1YSJ 的线圈，1YSJ 失电，1YSJ 常闭触点接通 2YDC 线圈，2YDC 得电后接通第二台压缩机工作，压缩机控制线路如图 1-14 所示。

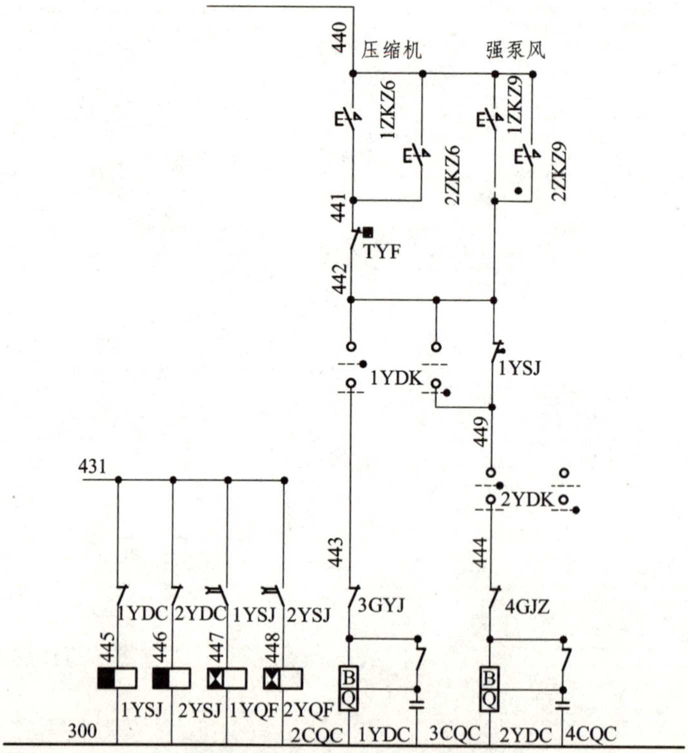

图 1-14　压缩机控制电路

1YDC 线圈电路路径为：N440→1ZKZ6 或 2ZKZ6→N441→TYF→N442→1YDK（运位）→N443→3GJZ→N477→1YDC（线圈）→N300。

2YDC 线圈电路路径为：N440→1ZKZ6 或 2ZKZ6→N441→TYF→N442→1YSJ（常闭）→N449→2YDK（运位）→N444→4GJZ→N478→2YDC（线圈）→N300。

注意：通风机 1FD ~ 2FD 各冷却平波电抗器及 2 台牵引电机，3FD、4FD 各冷却硅整流装置及一台牵引电动机，BFD 为变压器轴流风机电动机，冷却主变压器油散热系统，油泵电动机 BD 为主变压器冷却系统油循环。1 ~ 4ZFD 轴流风机电动机为冷却制动电阻。通风机控制电路如图 1-15 所示。

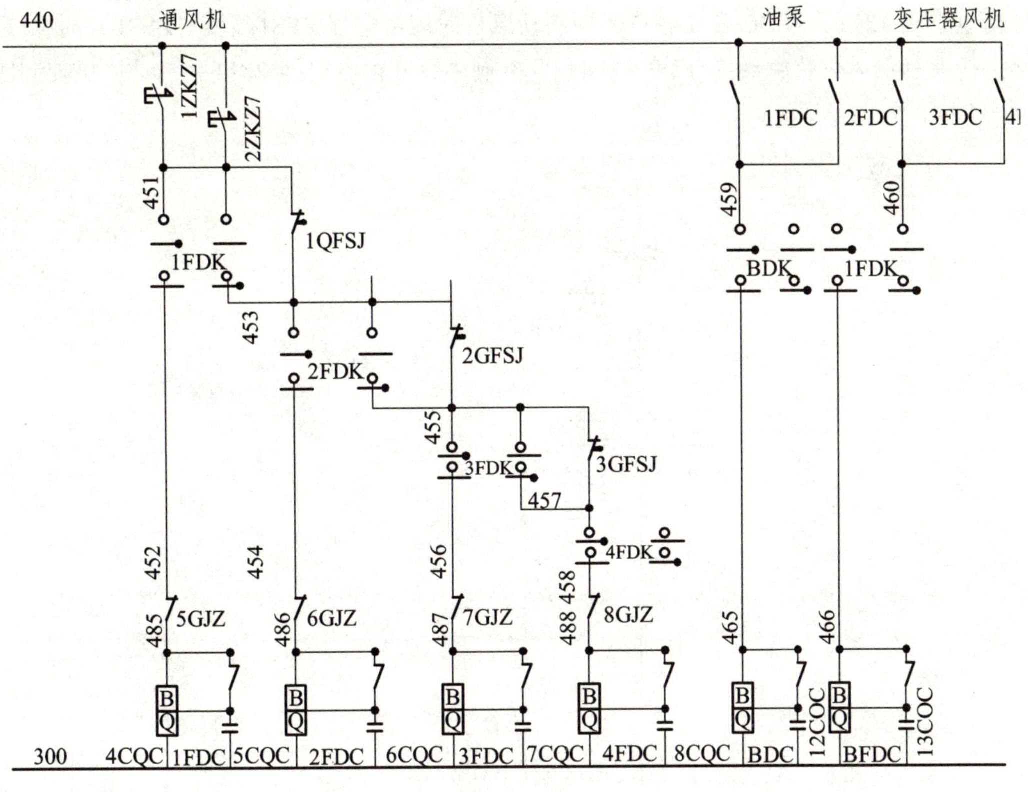

图 1-15　通风机控制电路

理论链接 7：通风机控制线路。

闭合通风机按键开关 1ZKZ7 或 2ZKZ7，接触器 1FDC 线圈得电，接通通风机 1FD，1FDC 常开触点接通变压器油泵接触器 BDC 线圈，常闭触点断开 1QFSJ 线圈电路，1QFSJ 线圈失电后延时 3 s 常闭触点接通 2FDC 线圈，2FDC 触点接通通风机 2FD，2FDC 常闭触点断开 2QFSJ 线圈，2QFSJ 线圈失电后延时 3 s 常闭触点接通 3FDC 线圈，3FDC 线圈得电，常开触点接通变压器通风机接触器 BFDC 线圈，常闭触点断开 3QFSJ 线圈，3QFSJ 常闭触点延时 3 s 后接通通风机接触器 4FDC。

1FD 线路：N440→1ZKZ7 或 2ZKZ7→N451→1FDK（运位）→N452→5GJZ→N485→1FDC

（线圈）→N300。

2FD 线路：N440→1ZKZ7 或 2ZKZ7→N451→1QFSJ（常闭）→N453→2FDK（运位）→N454→6GJZ→N486→2FDC（线圈）→N300。

3FD 线路：N440→1ZKZ7 或 2ZKZ7→N451→1QFSJ（常闭）→N453→2QFSJ（常闭）→N455→3FDK（运位）→N456→7GJZ→N487→3FDC（线圈）→N300。

4FD 线路：N440→1ZKZ7 或 2ZKZ7→N451→1QFSJ（常闭）→N453→2QFSJ（常闭）→N455→3QFSJ（常闭）→4FDK（运位）→N458→8GJZ→N488→4FDC（线圈）→N300。

理论链接 8：制动风机控制线路。

闭合制动风机按键开关 1ZKZ8 或 2ZKZ8，接通制动风机接触器 1ZFDC 线圈和Ⅰ端制动百叶窗电空阀 1ZFF，1FDC 常闭触点断开制动风机时间继电器 ZFSJ 线圈，ZFSJ 延时 3s 后常闭触点接通制动风机接触器 2ZFDC 线圈和Ⅱ端制动百叶窗电空阀 2ZFF，制动风机控制线路如图 1-16 所示。

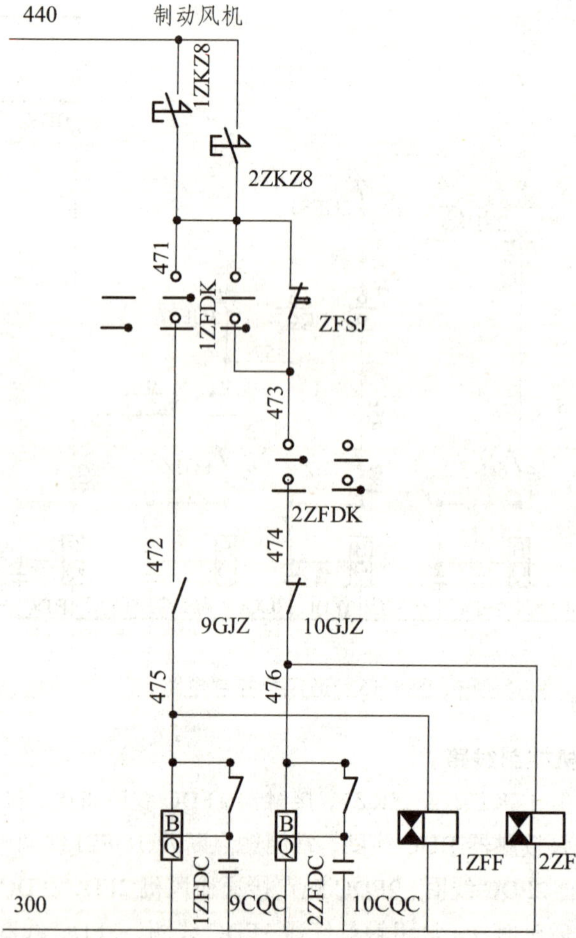

图 1-16　制动风机控制电路

1ZFD 和 1ZFF 线路为：N440→1ZKZ8 或 2ZKZ8→N471→1ZFDK（运位）→N472→9GJZ（常闭联锁）→N475→1ZFDC（线圈）//2ZFF→N300。

2ZFD 和 2ZFF 线路为：N440→1ZKZ8 或 2ZKZ8→N471→ZFSJ（常闭联锁）→N473→2ZFDK（运位）→N474→10GJZ（常闭联锁）N476→2ZFDC（线圈）//2ZFF→N300。

实施过程中容易出现的问题：

（1）按下 1ZKZ6、2ZKZ6，压缩机接触器 1YDC 不吸合。

① 压缩机按键开关 1ZKZ6（2ZKZ6）接触不良。

② 导线 440 无电。

③ 气阀柜上的调压阀 TYF 接点失调。

④ 压缩机故障转换开关 1YDK 运行位接点不良。

⑤ 压缩机电机过流保护装置内 3GJZ 常闭联锁触头接触不良或端子接线 443 和 477 虚接。

⑥ 1YDC 接触器本身线圈烧损或接线脱落、内部常闭连接线虚接。

（2）按下开关 1ZKZ6、2ZKZ6，压缩机接触器 1YDC 吸合，而 2YDC 不吸合。

① 压缩机时间继电器 1YSJ 常闭联锁触头接触不良或端子接线 442 和 449 虚接。

② 压缩机故障转换开关 2YDC 运行位接点不良。

③ 压缩机电机过流保护装置内 4GJZ 常闭联锁触头接触不良或端子接线 447 和 478 虚接。

（3）按下压缩机按键开关 1ZKZ6、2ZKZ6，压缩机接触器 1YDC、2YDC 同时吸合。

① 压缩机接触器 1YDC 的常闭联锁触头接触不良或接线 431 和 445 虚接，使压缩机时间继电器 1YSJ 一直处于失电状态，当压缩机按键开关合上，2YDC 则通过 1YSJ 常闭联锁与 1YDC 同时得电。

② 压缩机时间继电器 1YSJ 线圈烧损或它的接线 445 和 300 脱落。

③ 接在导线 442 和 449 两端的 1YSJ 常闭联锁断不开。

（4）按下开关 1ZKZ7、2ZKZ7，通风机接触器 1FDC 不吸合。

① 通风机按键开关 1ZKZ7（2ZKZ7）接触不良。

② 通风机故障转换开关 1FDK 运行位接点不良。

③ 通风机电机过流保护装置内 5GJZ 常闭联锁触头接触不良或端子接线 452 和 485 虚接。

④ 1FDC 接触器本身保持用的常闭联锁连接线虚接，接触器线圈烧损，接线脱落。

（5）按下开关 1ZKZ7、2ZKZ7，通风机接触器 1FDC 吸合，而 2FDC 不吸合。

① 通风机时间继电器 1QFSJ 常闭联锁触头接触不良或端子接线 451 和 453 虚接。

② 通风机故障转换开关 2FDK 运行位接点不良。

③ 通风机电机过流保护装置内 6GJZ 常闭联锁触头接触不良或端子接线 454 和 486 虚接。

④ 2FDC 接触器本身保持用的常闭联锁连接线虚接、接触器线圈烧损、接线脱落。

（6）按下开关 1ZKZ7、2ZKZ7，第三、四位通风机接触器 3FDC、4FDC 不吸合，可分别参照 2FDC 不吸合的原因去查找。

（7）按下开关 1ZKZ7、2ZKZ7，其中两个通风机接触器线圈同时得电吸合。

① 某个通风机接触器 1FDC ~ 3FDC 的常闭联锁触头接触不良或端子接线虚接，使通风机时间继电器 1QFSJ ~ 3QFSJ 一直处于失电状态。

② 1QFSJ ~ 3QFSJ 的线圈烧损或它的接线脱落。

③ 1QFSJ ~ 3QFSJ 常闭联锁断不开。

（8）如按下开关 1ZKZ8、2ZKZ8，制动风机接触器 1ZFDC 或 2ZFDC 不吸合，或是两者均不吸合，或是同时吸合。此故障可分别参考通风机故障原因。找出原因，排除故障确认上面各项操作及各电器动作正常后才可进行下项检查试验。

试验操作顺序如图 1-17 所示。

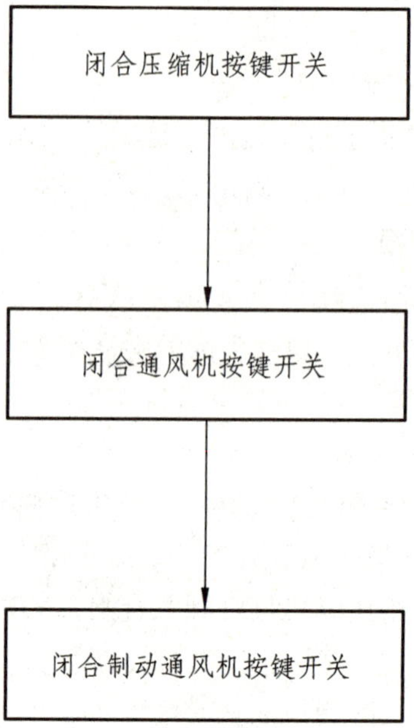

图 1-17　辅助电机控制电路试验

5. 辅助电机故障隔离控制试验

操作步骤：

（1）1YDK 置故障位。

① 听 1YDC 释放声。

② 听 1YSJ 吸合声及 1YQF 吸合声。

（2）1YDK 置运行位。

① 听 1YDC 吸合及 2YDC 释放声和 2YSJ 及 2YQF 吸合声。

② 3 s 后听 1YSJ 释放声及 2YDC 重新吸合声。

③ 又 3 s 后听 2YSJ 释放声。

（3）1FDK 置故障位。

听 1FDC 释放声及 1YQFSJ 吸合声。

（4）1FDK 置运行位。

① 听 1FDC、2 ~ 3QFSJ 的吸合声和 2 ~ 4FDC 释放声。

② 3 s 后听 1QFSJ 释放声及 2FDC 重新吸合声。

③ 又过 3 s 听 2QFSJ 释放声及 3FDC 重新吸合声。

④ 再过 3 s 听 3QFSJ 释放声及 4FDC 重新吸合声。

实验名称：辅助电机控制电路试验

【实验目的及要求】

【实验原理】

【实验步骤】

【实验记录】

（5）3FDK 置故障位。

听 3FDC 释放声及 3QFSJ 吸合声。

（6）3FDK 置运行位。

① 听 3FDC 吸合声及 4FDC 释放声。

② 3 s 后听 3QFSJ 释放声及 4FDC 重新吸合声。

（7）1ZFDK 置故障位。

听 1ZFCD 释放声、Ⅰ端制动百叶窗关闭声及 ZFSJ 吸合声。

（8）1ZFDK 置运行位。

① 听 1ZFDC 吸合声、Ⅰ端制动百叶窗打开声，同时听 2ZFDC 释放声及Ⅱ端制动百叶窗关闭声。

② 3 s 后听 ZFSJ 释放声、2ZFDC 吸合声及Ⅱ端制动百叶窗打开声。

（9）2YDK 置故障位。

听 2YDC 释放声及 2YSJ、2YQF 吸合声。

（10）2YDK 置运行位。

① 听 2YDC 吸合声。

② 3 s 后听 2YSJ 释放声。

（11）2FDK 置故障位。

听 2FCD 释放声及 2QFSJ 吸合声。

（12）2FDK 置运行位。

听 2FDC 吸合声及 3 ~ 4FDC 释放声，同时听 3QFSJ 吸合声；3 s 后听 2QFSJ 释放声及 3FDC 重新吸合声；又过 3 s 听 3QFSJ 释放声及 4FDC 重新吸合声。

（13）2ZFDK 置故障位。

听 2ZFCD 释放声、Ⅱ端制动百叶窗关 闭声。

（14）2ZFDK 置运行位。

听 2ZFCD 吸合声、Ⅱ端制动百叶窗打 开声。

（15）BFDK 置故障位。

听 BFDC 释放声。

（16）BFDK 置运行位。

听 BFDC 吸合声。

（17）BDK 置故障位。

听 BDK 释放声。

（18）BDK 置运行位。

听 BDK 吸合声。

理论链接 9：故障转换开关名称。

辅助电机故障隔离测试主要测试各个辅助电机接触器在故障隔离后相应的继电器或接触器得动作是否正常，故障转换开关的位置如图 1-18 所示。

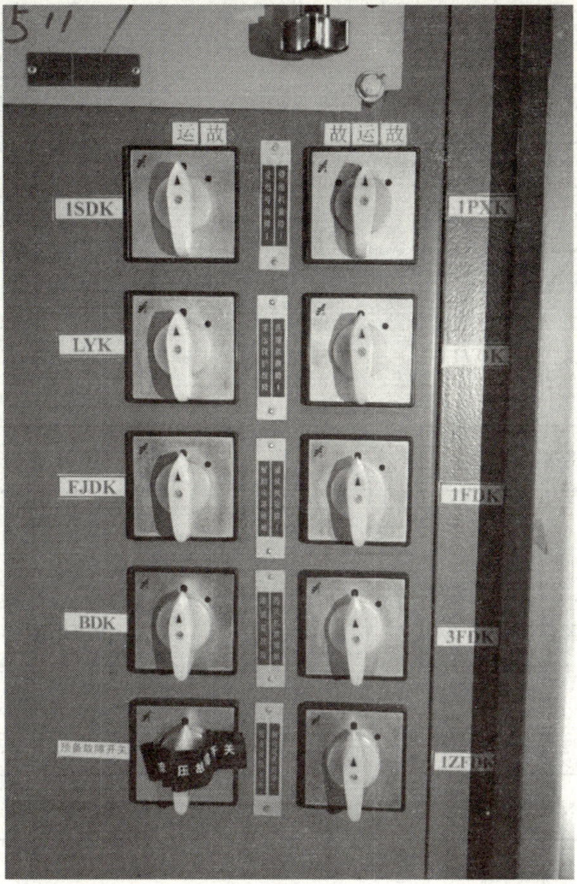

故障隔离开关文字符合	故障隔离开关名称
1YDK	压缩机故障隔离开关
2YDK	
1FDK	牵引风机故障隔离开关
2FDK	
3FDK	
1ZFDK	制动风机故障隔离开关
2ZFDK	
BFDK	变压器风机故障隔离开关
BDK	油泵故障隔离开关

图 1-18　故障转换开关

试验操作顺序如图 1-19 所示。

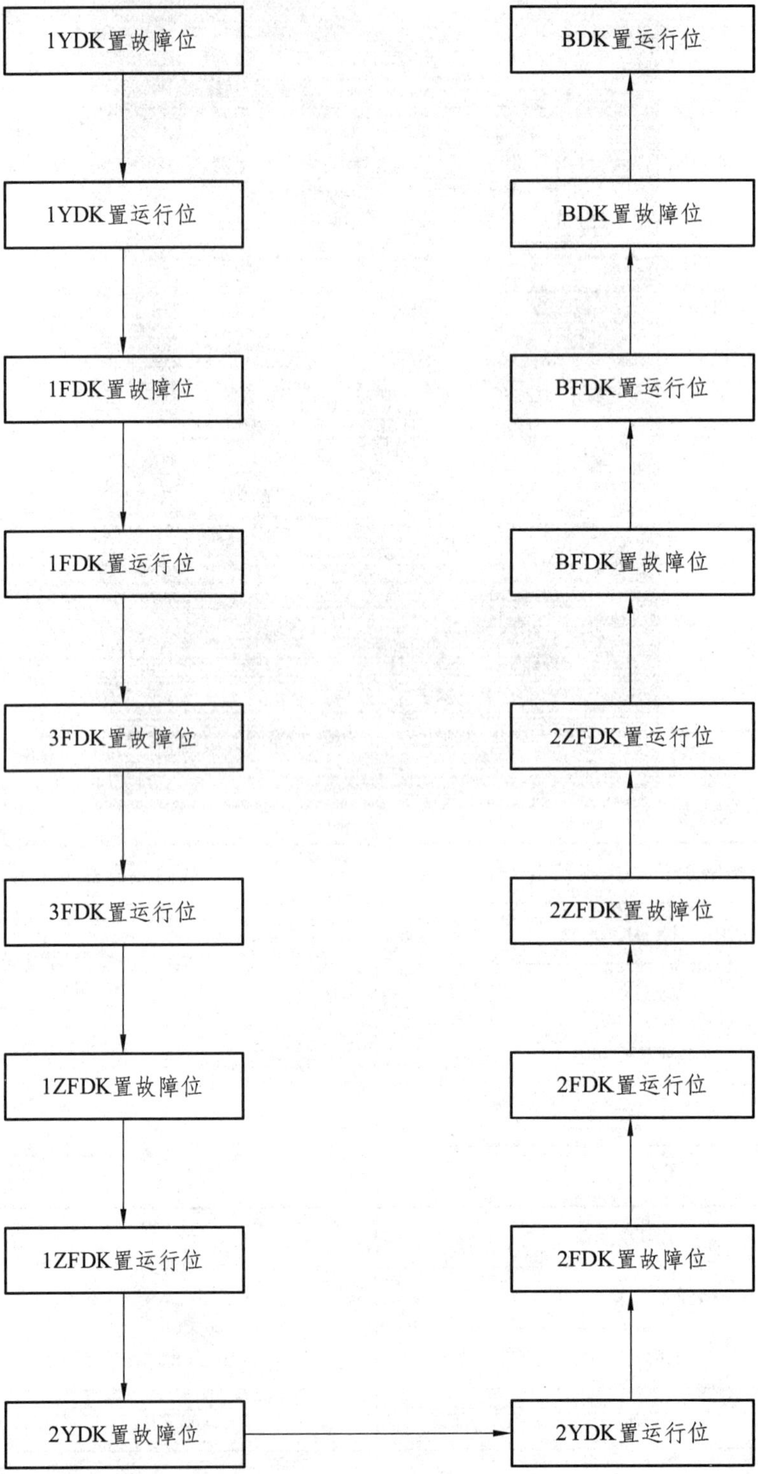

图 1-19　辅助电机故障隔离控制试验

实验名称：辅助电机故障隔离控制试验

【实验目的及要求】

【实验原理】

【实验步骤】

【实验记录】

四、项目实施

1. 学习组织形式

本项目实施中，对学生进行分组，3～5 人一个工作组。各组制订实施方案及工作计划，组长协助教师指导本组学生学习，检查项目实施进程和质量，制订改进措施，共同完成项目任务。

2. 工具材料准备

作业工具包括：制服、电钥匙。

3. 作业要求

（1）课前做好预习，熟悉控制电路的控制逻辑。

（2）按照步骤完成低压整备控制试验，试验前需向老师申请，注意先后顺序。

（3）仔细听各继电器或接触器的动作声音，观察指示灯信号是否按控制要求点亮。

（4）对于故障处要做好记录。试验完成后要对司控器、电钥匙归位。

4. 项目评价

考核内容及评分表见表 1-1。

表 1-1　考核内容及评分表

考核标准	考核结果
（1）符合低压整备控制试验的流程	40 分（流程错误或者顺序不对每次扣 2 分）
（2）按要求完成作业	20 分
（3）按要求完成拓展项目	20 分
（4）劳动态度安全生产	20 分

五、项目作业

独立按规定完成低压整备控制试验，并撰完成书中的相关试验报告。

六、项目扩展

查资料，对比下 SS4G 低压整备控制试验。

项目二　司机控制器、调车控制器及调速控制试验

一、项目任务及要求

项目任务：掌握韶山3型4000系电力机车方向选择工况控制电路试验、调速控制电路试验、磁场削弱控制电路试验和电阻制动控制试验。

时间要求：18课时。

质量要求：高低压试验是乘务员出乘前对机车电气性能进行测试的必要试验，以保障机车电气安全。而司机控制器及调速控制试验是低压试验的第二步，包括了机车方向选择工况控制电路试验、调速控制电路试验、磁场削弱控制电路试验和电阻制动控制试验，必须严格按照试验顺序进行逐步测试。

安全要求：确认机车各部无人作业；司机室、低压柜、高压柜、变压器室及车顶均无异物；升弓前低压试验各环节电路正确。

文明要求：自觉按文明生产规则进行项目作业。

环保要求：努力按照环境保护要求进行项目作业。

二、项目分析

（一）项目任务理论

（1）方向选择工况控制线路原理。

（2）调速控制线路原理。

（3）磁场削弱控制线路原理。

（4）电阻制动控制线路原理。

（二）任务分析

司机控制器、调车控制器及调速控制试验是低压试验的第二步，包括机车方向选择工况控制电路试验、调速控制电路试验、磁场削弱控制电路试验和电阻制动控制试验。要求学生结合机车方向选择工况控制电路、调速控制电路、磁场削弱控制电路和电阻制动控制原理，按照步骤观察相对应继电器的动作，仔细听继电器的吸合和释放时发出的响声。并根据响声判断电气是否正常。

1. 低压试验准备工作

（1）闭合电源柜控制接地闸刀 KJDK、蓄电池闸刀 DCK、整流输出闸刀 KGK，确认控制电压不低于 92.5 V，控制电流表放电电流不大于 10 A。

（2）电子柜转换开关转至 A 组，电源柜转换开关转至 A 组，确认电子柜冷却风扇转动。

（3）打开总风缸 113#塞门，确认总风缸风压不低于 700 kPa，各风路塞门处于正常位置。

（4）将牵引风速故障开关 1FJK、制动风速故障开关 2FJK 和零压故障开关 LYK 置于“故障位”。

（5）拉起锁闭杆，打开司机室走廊门、各室门及电子柜门。

三、任务实施路径与步骤

（一）任务路径

任务路径如图 2-1 所示。

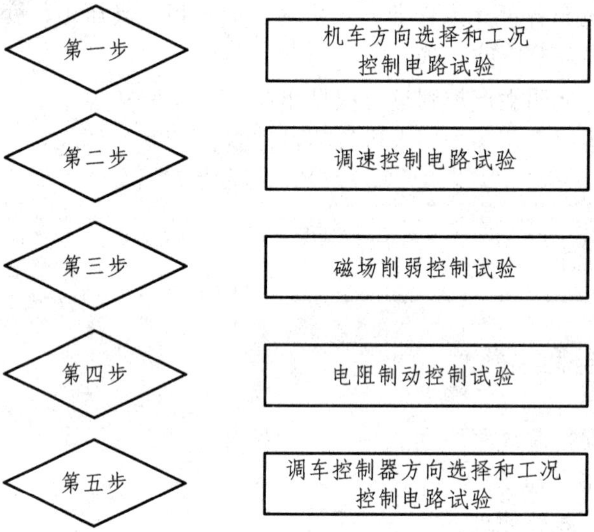

图 2-1　任务路径

（二）任务步骤

以下步骤以 I 端司机室的操作为例。

1. 机车方向选择和工况控制电路试验

操作步骤：

（1）换向手柄 $1SK_X$ 由“0”位移到“后”位，司机控制器如图 2-2 所示。

① 先听位置转换开关反向鼓转到“后”位，然后听到位置转换开关工况鼓转到“牵引”位。

② 听位置中间继电器 WHZJ 吸合声。

③ 听预备中间继电器 YZJ 吸合声，看“预备”信号指示灯灭。

图 2-2　司机控制器

（2）换向手柄 $1SK_X$ 由“后”位移到“0”位。

① 听Ⅰ端位置转换开关向后电空阀 1WHh、Ⅱ端位置转换开关向前电空阀 2WHq、Ⅰ端、Ⅱ端位置转换开关牵引电空阀 1 ~ 2 WHqy 失电排风声。

② 听位置中间继电器 WHZJ、预备中间继电器 YZJ 失电释放声。

③ 看“预备”信号指示灯亮。

注意：位置转换开关是用来换接主电路的，作用之一是改变牵引电动机励磁绕组中的电流方向，即改变机车的运行方向；作用之二是实现机车由牵引工况转换为电阻制动工况。它由两个转换鼓组成，反向鼓和工况鼓（见图 2-3）。每个转鼓各有两个工作位置，反向鼓为“向前”位和“向后”位，工况鼓为“牵引”位和“制动”位。

机车未启动以前，司机首先要确定机车行驶方向与位置转换开关所处位置是否一致，若相反，司机应通过司机操纵换向手柄将位置转换开关进行转换。位置转换开关气缸相应的电空阀得电动作，打开气路，压缩空气通过电空阀进入气缸，执行相应位置的转换。位置转换开关和继电器不一样的是，位置转换开关电空阀得电转换鼓动作，位置转换开关电空阀失电后转换鼓保持原来的位置。

（3）换向手柄 $1SK_X$ 由“0”位移到“前”位。

① 听位置转换开关反向鼓转到“前”位。

② 听位置中间继电器 WHZJ、预备中间继电器 YZJ 吸合声。

③ 看“预备”信号指示灯灭。

理论链接 1：机车方向工况的选择。

① 换向手柄向后位的工况选择。

图 2-3　转换鼓的结构实物图

换向手柄 $1SK_X$ 由“0”位到“后”位，305 号线得电，1WHh、2WHq 得电，位置转换开关反向鼓置“后”位，见图 2-4。

路为：N305→LWZJ（常开联锁）→N345→1WHh//2WHq（线圈）→N300。

此时 1WHh 和 2WHq 的联锁接通Ⅰ端、Ⅱ端位置转换开关牵引电空阀 1WHqy、2WHqy 线圈，位置转换开关工况鼓到牵引位。

线路为：N305→1WHh→N322→2WHq→LWZJ（常开联锁）→N342→1WHqy//2WHqy（线圈）→N300。

同时，Ⅰ端、Ⅱ端位置转换开关牵引电空阀 1WHqy、2WHqy 的联锁接通 WHZJ 线圈。

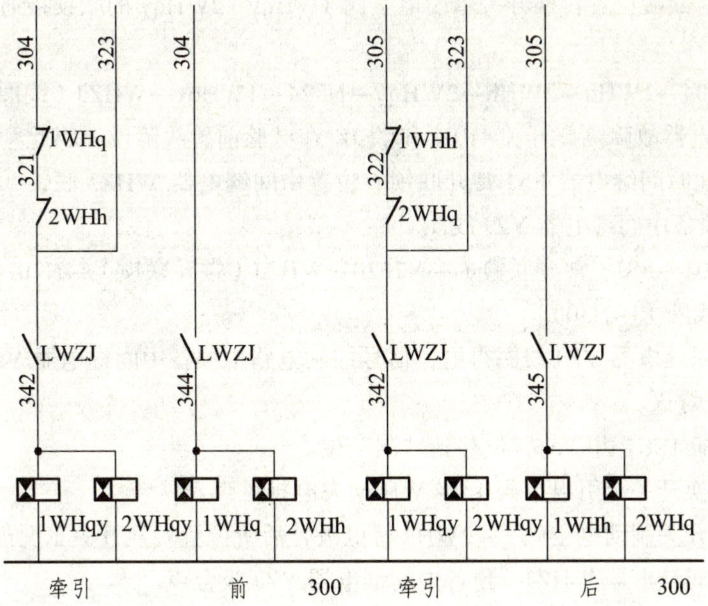

图 2-4 工况选择控制线路图

线路为：N305→1WHh→N322→2WHq→2WHqy→N324→1WHqy→WHZJ（线圈）→N300。

由于风速继电器故障隔离开关 1FJK 和 2FJK 在试验前置故障位，因此，风速时间继电器 FSJ 有电，经风速时间继电器 FSJ 常开联锁、位置中间继电器 WHZJ 联锁，主断路器电联锁开关 QDK 接通预备中间继电器 YZJ 线圈。

线路为：N301→FSJ（常开联锁）→N2020→WHZJ（常开联锁）→N2021→QDK（常开联锁）→N328→YZJ（线圈）→N300。

由于预备中间继电器 YZJ 线圈得电，信号控制电路中预备中间继电器 YZJ 的常闭联锁断开，"预备"信号灯灭。

换向手柄 $1SK_X$ 由"后"位到"0"位，305 号线失电，1WHh、2WHq 电空阀失电，位置转换开关反向鼓不动作保持在"后"位。同时，1WHqy、2WHqy 的联锁断开位置中间继电器 WHZJ 线圈。最后断开预备中间继电器 YZJ 线圈。信号控制电路中预备中间继电器 YZJ 的常闭联锁复位，"预备"信号灯亮。

② 换向手柄向前位的工况选择。

换向手柄 $1SK_X$ 由"0"位到"前"位，304 号线得电，Ⅰ端位置转换开关向前电空阀 1WHq、Ⅱ端位置转换开关向后电空阀 2WHh 得电，位置转换开关反向鼓置"前"位。

线路为：N304→零位中间继电器 LWZJ 联锁（常开）→N344→Ⅰ端位置转换开关向前电空阀和Ⅱ端位置转换开关向后电空阀 1WHq//2WHh（线圈）→N300。

此时Ⅰ端位置转换开关向前电空阀 1WHq 和Ⅱ端位置转换开关向后电空阀 2WHh 的常闭联锁接通Ⅰ端、Ⅱ端位置转换开关牵引电空阀 1WHqy、2WHqy，位置转换开关工况鼓转到牵引位。

线路为：N304→1WHq→2WHh→LWZJ（常开联锁）→1WHqy//2WHqy（线圈）→N300。

同时，Ⅰ端、Ⅱ端位置转换开关牵引电空阀 1WHqy、2WHqy 的联锁接通位置中间继电器 WHZJ 线圈。

线路为：N304→1WHq→2WHh→2WHqy→N324→1WHqy→WHZJ（线圈）→N300。

由于风速继电器故障隔离开关 1FJK 和 2FJK 在试验前置故障位，因此，风速时间继电器 FSJ 有电，经风速时间继电器 FSJ 常开联锁、位置中间继电器 WHZJ 联锁，主断路器电联锁开关 QDK 接通预备中间继电器 YZJ 线圈。

线路为：N301→FSJ（常开联锁）→N2020→WHZJ（常开联锁）→N2021→QDK（常开）→N328→YZJ（线圈）→N300。

由于预备中间继电器 YZJ 线圈得电，信号控制电路中预备中间继电器 YZJ 的常闭联锁断开，“预备”信号灯灭。

（4）换向手柄 $1SK_X$ 由“前”位移到“制”位。

① 听位置转换开关牵引电空阀 1 ~ 2 WHqy 失电排风声。

② 位置转换开关制动电空阀 1 ~ 2WHz 得电吸合后听位置转换开关工况鼓转到“制动”位。

③ 听位置中间继电器 WHZJ、预备中间继电器 YZJ 吸合声。

④ 看“预备”信号指示灯亮后灭。

（5）换向手柄 $1SK_X$ 由“制”位移到“前”位。

① 听位置转换开关制动电空阀 1 ~ 2WHz 失电排风声。

② 位置转换开关牵引电空阀 1 ~ 2 WHqy 得电吸合后位置转换开关工况鼓转到“牵引”位。

③ 听位置中间继电器 WHZJ、预备中间继电器 YZJ 吸合声。

④ 看“预备”信号指示灯灭。

（6）换向手柄 $1SK_X$ 由“前”位移到“0”位。

① 听Ⅰ端位置转换开关向前电空阀 1WHq、Ⅱ端位置转换开关向后电空阀 2WHh 和Ⅰ端、Ⅱ端位置转换开关牵引电空阀 1 ~ 2 WHqy 失电排风声。

② 听位置中间继电器 WHZJ、预备中间继电器 YZJ 失电释放声。

③ 看“预备”信号指示灯亮。

（7）换向手柄 $1SK_X$ 由“0”位移到“后”位。

① 听位置转换开关反向鼓转到“后”位。

② 听位置中间继电器 WHZJ、预备中间继电器 YZJ 吸合声。

③ 看“预备”信号指示灯灭。

（8）换向手柄 $1SK_X$ 直接由“后”位移到“制”位。

① 听Ⅰ端位置转换开关向后电空阀 1WHh、Ⅱ端位置转换开关向前电空阀 2WHq 和Ⅰ端、Ⅱ端位置转换开关牵引电空阀 1WHqy、2 WHqy 失电排风声。

② 看“预备”信号指示灯亮。

③ 两位置转换开关仍保持在“向后牵引”位，不会转换到“向前制动” 位。

注意：试验结束以后将Ⅰ端换向手柄 $1SK_X$ 移到“前”位。

理论链接 2：机车制动工况选择。

① 换向手柄 $1SK_X$ 由“前”位到“制”位。

304 失电，Ⅰ端位置转换开关向前电空阀 1WHq、Ⅱ端位置转换开关向后电空阀 2WHh 失电，Ⅰ端位置转换开关向前电空阀 1WHq、Ⅱ端位置转换开关向后电空阀 2WHh 的常闭联锁断开Ⅰ端位置转换开关牵引电空阀 1WHqy 和Ⅱ端位置转换开关牵引电空阀 2WHqy。Ⅰ端、Ⅱ端位置转换开关牵引电空阀 1WHqy、2WHqy 的联锁断开位置中间继电器 WHZJ 线圈。最后断开预备中间继电器 YZJ 线圈。信号控制电路中预备中间继电器 YZJ 的常闭联锁复位，“预备”信号灯亮。

2041 号线得电，通过Ⅰ端位置转换开关向前电空阀 1WHq、Ⅱ端位置转换开关向后电空阀 2WHh 的常闭联锁使 306 有电，此时接通Ⅰ端、Ⅱ端位置转换开关制动电空阀 1WHz 和 2WHz，位置转换开关工况鼓到“制动”位。

线路为：N2041→1WHq→2WHh→N306→LWZJ（常开联锁）→N343→1WHz//2WHz（线圈）→N300。

同时，Ⅰ端、Ⅱ端位置转换开关制动电空阀 1WHz、2WHz 的联锁接通位置中间继电器 WHZJ 线圈。

线路为：N2041→1WHq→2WHh→2WHz→1WHz→WHZJ（线圈）→N300。

由于风速继电器故障隔离开关 1FJK 和 2FJK 在试验前置故障位，因此，风速时间继电器 FSJ 有电，经风速时间继电器 FSJ 常开联锁、位置中间继电器 WHZJ 联锁，主断路器电联锁开关 QDK 接通预备中间继电器 YZJ 线圈。

线路为：N301→FSJ（常开联锁）→N2020→WHZJ（常开联锁）→N2021→QDK（常开）→N328→YZJ（线圈）→N300。

由于预备中间继电器 YZJ 线圈得电，信号控制电路中预备中间继电器 YZJ 的常闭联锁断开，“预备”信号灯灭。

② 换向手柄 $1SK_X$ 由“制”位移到“前”位。

2041 号线失电，306 号线失电，1WHz、2WHz 失电。304 号线得电，2WHh 得电，位置转换开关反向鼓置“前”位。

线路为：N304→LWZJ（常开联锁）→1WHq//2WHh（线圈）→N300。

1WHq 和 2WHh 的常闭联锁接通 1WHqy，2WHqy，位置转换开关工况鼓到“牵引”位。

线路为：

N304→1WHq→2WHh→LWZJ（常开联锁）→1WHqy//2WHqy（线圈）→N300。

同时，Ⅰ端、Ⅱ端位置转换开关牵引电空阀 1WHqy、2WHqy 的联锁接通位置中间继电器 WHZJ 线圈。

线路为：

N304→1WHq→2WHh→2WHqy→1WHqy→WHZJ（线圈）→N300。

由于风速继电器故障隔离开关 1FJK 和 2FJK 在试验前置故障位，因此，风速时间继电器 FSJ 有电，经风速时间继电器 FSJ 常开联锁、位置中间继电器 WHZJ 联锁，主断路器电联锁开关 QDK 接通预备中间继电器 YZJ 线圈。

线路为：N301→FSJ（常开联锁）→N2020→WHZJ（常开联锁）→N2021→QDK（常开）→N328→YZJ（线圈）→N300。

由于预备中间继电器 YZJ 线圈得电，信号控制电路中预备中间继电器 YZJ 的常闭联锁断开，“预备”信号灯灭。

换向手柄 $1SK_X$ 由“前”位到“0”位，304 号线失电，Ⅰ端位置转换开关向前电空阀 1WHq 和Ⅱ端位置转换开关向后电空阀 2WHh 失电，同时Ⅰ端位置转换开关向前电空阀 1WHq 和Ⅱ端位置转换开关向后电空阀 2WHh 的联锁断开Ⅰ端、Ⅱ端位置转换开关牵引电空阀 1WHqy、2WHqy 的通路。位置转换开关反向鼓不动作，保持在“前”位。同时，Ⅰ端、Ⅱ端位置转换开关牵引电空阀 1WHqy、2WHqy 的联锁断开位置中间继电器 WHZJ 线圈。最后断开预备中间继电器 YZJ 线圈，“预备”信号灯亮。

③ 换向手柄 SK_X 由“0”位到“后”位。

305 号线得电，Ⅰ端位置转换开关向后电空阀 1WHh 和Ⅱ端位置转换开关向前电空阀 2WHq 得电，位置转换开关反向鼓置“后”位。此时Ⅰ端位置转换开关向后电空阀 1WHh 和Ⅱ端位置转换开关向前电空阀 2WHq 的联锁接通Ⅰ端、Ⅱ端位置转换开关牵引电空阀 1WHqy、2WHqy，位置转换开关工况鼓到牵引位。同时，Ⅰ端、Ⅱ端位置转换开关牵引电空阀 1WHqy、2WHqy 的联锁接通位置中间继电器 WHZJ 线圈。

由于风速继电器故障隔离开关 1FJK 和 2FJK 在试验前置故障位，因此，风速时间继电器 FSJ 有电，经风速时间继电器 FSJ 常开联锁、位置中间继电器 WHZJ 联锁，主断路器电联锁开关 QDK 接通预备中间继电器 YZJ 线圈。

由于预备中间继电器 YZJ 线圈得电，信号控制电路中预备中间继电器 YZJ 的常闭联锁断开，“预备”信号灯灭。

④ 换向手柄 SK_X 直接由“后”位移到“制”位。

305 号线失电，Ⅰ端位置转换开关向后电空阀 1WHh 和Ⅱ端位置转换开关向前电空阀 2WHq 失电，位置转换开关反向鼓保持“后”位。此时Ⅰ端位置转换开关向后电空阀 1WHh 和Ⅱ端位置转换开关向前电空阀 2WHq 的联锁断开Ⅰ端、Ⅱ端位置转换开关牵引电空阀 1WHqy、2WHqy，位置转换开关工况鼓保持“牵引”位。Ⅰ端、Ⅱ端位置转换开关牵引电空阀 1WHqy、2WHqy 的联锁接通位置中间继电器 WHZJ 线圈。最后断开预备中间继电器 YZJ 线圈，“预备”信号灯亮。

操作过程中容易出现的问题：

（1）操作换向手柄 SK_X，位置转换开关不能向相应的“向前”“向后”“牵引”“制动”位转换。

① 电源线 301 无电，可能因自动开关 3ZK 跳开、电气联锁开关 DSK 接点接触不良等造成。

② 零位中间继电器 LWZJ 线圈不得电或是 LWZJ 联锁接触不良和相应接线松脱。

③ 风路故障。可能是该风路的总塞门 131 处于关闭位，另外因 100 调压阀松动或未调整而造成风路不畅、风压不足发生的故障。若是某一端位置转换开关“前”“后”“牵”“制”均不转换可检查该端的风路塞门 141（142）是否打开。

（2）换向手柄 SK_X 置于“制”位，但位置转换开关不转“制”位。

可先查找 306 导线有无电及 LWZJ 联锁的 306 与 343 导线是否虚接，电路正常则可查找风路系统故障如 1WHZ、2WHZ 电磁阀是否卡住，鞲鞴螺钉是否松动等。

（3）换向手柄 SK_X 置“前”或“后”位，但位置转换开关的“前”“后”转换鼓不转换。

① 导线 304（305）或所连接的微动开关虚接。

② 零位中间继电器 LWZJ 常开联锁（两端接线 304、344）或另一常开联锁（两端接线 305、345）虚接。

（4）换向手柄置“前”或“后”位，位置转换开关牵引鼓不转换。

① 位置转换开关联锁 1WHq、2WHh 或 1WHh、2WHq 中的一个联锁接触不良。

② LWZJ 联锁接触不良或该联锁接线 323 与 342 虚接。

试验操作顺序如图 2-5 所示。

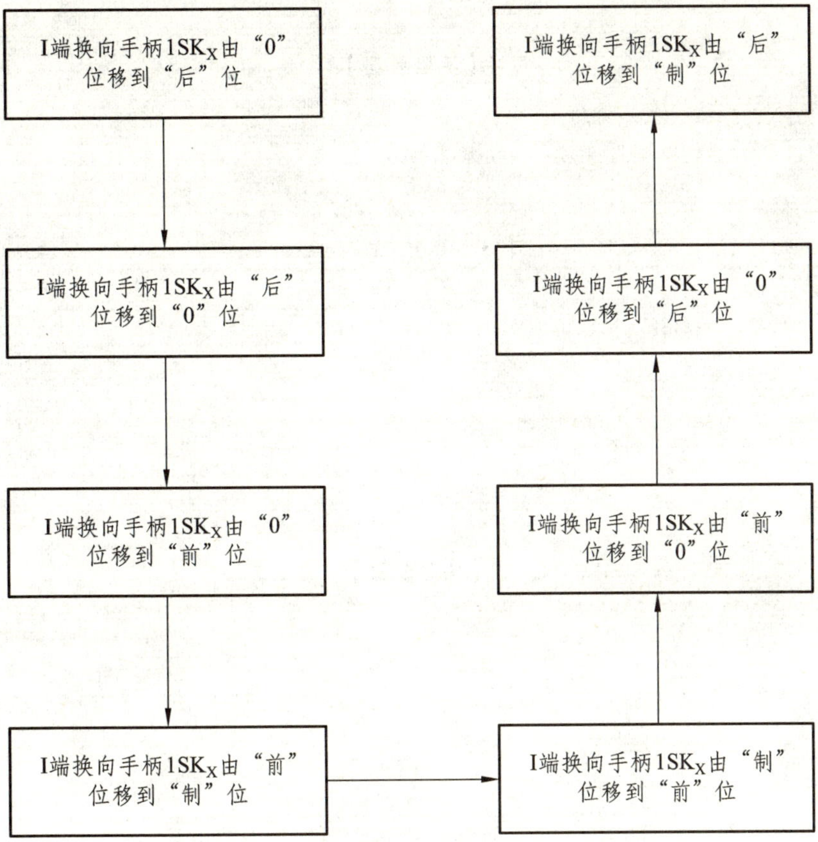

图 2-5　机车方向选择和工况控制电路试验

实验名称：机车方向选择和工况控制电路试验

【实验目的及要求】

【实验原理】

【实验步骤】

【实验记录】

2. 调速控制电路试验

注意：SS3 型 4000 系电力机车两位置转换开关的动作条件。

当司机控制器调速手柄 $1SK_T$、$2SK_T$，副司机控制器调速手柄 $1FSK_T$、$2FSK_T$ 均在零位及机车速度为零的情况下，实现两位置转换开关的无电转换。否则会造成开关的严重烧损及牵引电机产生环火，严重时烧损牵引电机，擦伤机车轮缘。

操作步骤：

（1）调速手柄 $1SK_T$ 由“0”位移到“*”位。

① 零位中间继电器 LWZJ 失电释放后，听 1WHq、2WHh 失电排风声，以及 1WHqy、2WHqy 失电排风声。看“零位”信号指示灯灭。

② 零位时间继电器 LWSJ 得电吸合后听线路电空接触器 1 ~ 6XC 吸合声。

（2）调速手柄 $1SK_T$ 由“*”位移到“0”位。

① 听零位中间继电器 LWZJ 得电吸合声。看“零位”信号指示灯亮。

② 延时 1.5 s 后零位时间继电器 LWSJ 释放，听线路电空接触器 1 ~ 6XC 失电释放声。

注意：这两步试验结束以后将 $1SK_X$ 移到“后”位。

（3）调速手柄 $1SK_T$ 由“0”位移到“*”位。

① 零位中间继电器 LWZJ 失电释放后听Ⅰ端位置转换开关向前电空阀 1WHq、Ⅱ端位置转换开关向后电空阀 2WHh 和Ⅰ端、Ⅱ端位置转换开关牵引电空阀 1WHqy、2WHqy 失电排风声。看“零位”信号指示灯灭。

② 零位时间继电器 LWSJ 得电吸合后听线路电空接触器 1 ~ 6XC 吸合声。

（4）调速手柄 $1SK_T$ 由“*”位移到“0”位。

① 听零位中间继电器 LWZJ 得电吸合声。看“零位”信号指示灯亮。

② 延时 1.5 s 后零位时间继电器 LWSJ 释放，听线路电空接触器 1 ~ 6XC 失电释放声。

注意：这两步试验结束以后将Ⅰ端换向手柄 $1SK_X$ 移到“前”位。

理论链接 4：调速控制。

① Ⅰ端调速手柄 $1SK_T$ 由“0”位移到“*”位。

2004 号线失电，零位中间继电器 LWZJ 线圈失电，信号控制电路中零位中间继电器 LWZJ 的常开联锁保持断开，“零位”信号指示灯灭。同时，Ⅰ端位置转换开关向前电空阀 1WHq、Ⅱ端位置转换开关向后电空阀 2WHh 线圈失电，Ⅰ端、Ⅱ端位置转换开关牵引电空阀 1WHqy 和 2WHqy 线圈失电。

314 号线得电，零位时间继电器 LWSJ 线圈得电。由于上步试验结束以后，位置转换开关反向鼓置“前”位，故零位中间继电器 WHZJ 线圈得电。所以，线路电空接触器线圈 1 ~ 6XC 得电，见图 2-6。

线路为：N301→位置中间继电器 WHZJ 联锁（常开）→N2010→零位时间继电器 LWSJ 联锁（常开）→N2051→空载试验开关 4KYK（常闭）→N2052→空载试验开关 5KYK（常闭）→N390→（第一台牵引电机隔离开关 1QGK（运）→N391→线路电空接触器 1XC（线圈））//（2QGK（运）→N392→2XC（线圈））//（3QGK（运）→N393→3XC（线圈））//（4QGK（运）→N394→4XC（线圈））//（5QGK（运）→N395→5XC（线圈））//（6QGK（运）→N396→6XC（线圈））→N300。

② Ⅰ端调速手柄 $1SK_T$ 由“*”位移到“0”位。

2004 号线得电，零位中间继电器 LWZJ 线圈得电，信号控制电路中 LWZJ 的常开联锁闭合，“零位”信号指示灯亮。314 号线失电，零位时间继电器 LWSJ 线圈失电，延时 1.5s 后零位时间继电器 LWSJ 释放，线路电空接触器线圈 1～6XC 失电。

操作过程中出现的问题：

（1）调速手柄 SK_T 已置于级位，但 6 个线路接触器 1～6XC 均不闭合。

① 位置中间继电器 WHZJ，零位时间继电器 LWSJ，空载试验开关 45KYK、5KYK 联锁之一接触不良或其两端接线虚接。

② 导线 301 无电。

③ 风管无风或塞门 141 和 142 未打开或是总塞门 131 未打开。

（2）调速手柄 SK_T 已置于级位，线路接触器中的某一个接触器不闭合。

① 该牵引电动机隔离开关 QGK 联锁不良或其两端接线虚接。

② 该线路接触器线圈损坏或两端接线脱落。

操作顺序如图 2-7 所示。

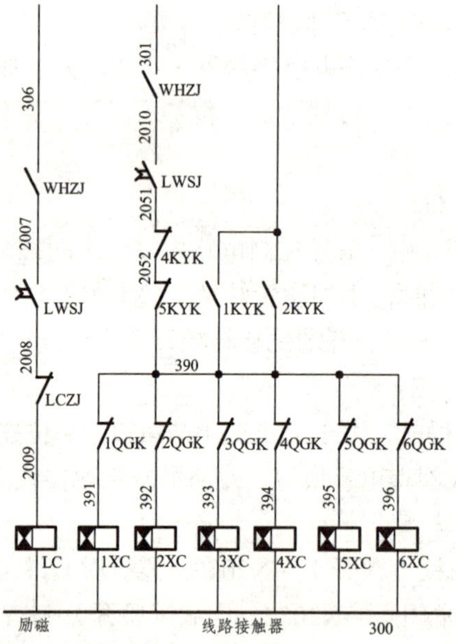

图 2-6　牵引电路图

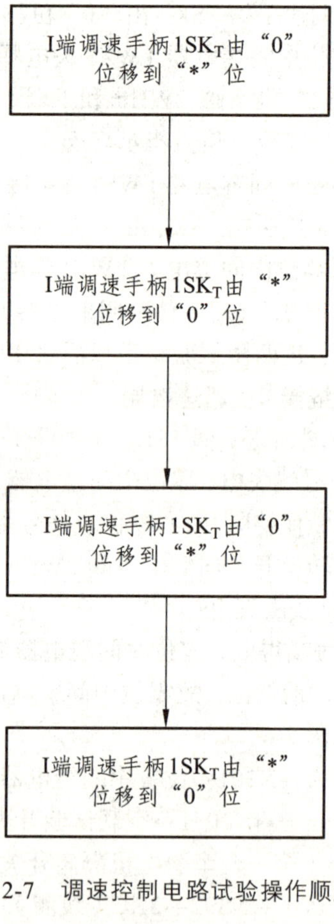

图 2-7　调速控制电路试验操作顺序

实验名称：调速控制电路试验

【实验目的及要求】

【实验原理】

【实验步骤】

【实验记录】

3. **磁场削弱控制试验**

注意：调速手柄在“0”位，换向手柄可在“0”“前”“制”或“后”各位转换，但不能向磁场削弱“Ⅰ”“Ⅱ”“Ⅲ”位转动；调速手柄在 7 级以上位时，换向手柄可在“前”“Ⅰ”“Ⅱ”“Ⅲ”各位间转换。

操作步骤：

（1）将调速手柄 $1SK_T$ 移到到 7 级及其以上后，再将Ⅰ端换向手柄 $1SK_X$ 移到“Ⅰ”位。

Ⅰ级磁场削弱电空阀 11CXF、61CXF 得电吸合后，听磁场削弱电空接触器 11CC～61CC 吸合声。

（2）将换向手柄 $1SK_X$ 由“Ⅰ”位移到“Ⅱ”位。

① 听Ⅰ级磁场削弱电空阀 11CXF、61CXF 失电排风声和磁场削弱电空接触器 11CC～61CC 释放声。

② Ⅱ级磁场削弱电空阀 12CXF、62CXF 得电吸合后，听磁场削弱电空接触器 12CC～62CC 吸合声。

③ 将Ⅰ端换向手柄 $1SK_X$ 由“Ⅱ”位移到“Ⅲ”位。

Ⅰ级磁场削弱电空阀 11CXF、61CXF 得电吸合后，听磁场削弱电空接触器 11CC～61CC 吸合声。

（3）将换向手柄 $1SK_X$ 由“Ⅱ”移到“Ⅲ”位。

Ⅰ级磁场削弱电空阀 11XCF、61XCF 得电吸合后，听磁场削弱电空接触器 11CC-61CC 吸合声。

（4）将换向手柄 $1SK_X$ 由“Ⅲ”位依次移到“前”位。

① 换向手柄 $1SK_X$ 由“Ⅲ”位移到“Ⅱ”位时，听Ⅰ级磁场削弱电空阀 11CXF、61CXF 失电排风声和Ⅰ级磁场削弱电空接触器 11CC～61CC 释放声。

② 换向手柄 $1SK_X$ 由“Ⅱ”位移到“Ⅰ”位时，听Ⅱ级磁场削弱电空阀 12CXF、62CXF 失电排风声和Ⅱ级磁场削弱电空接触器 12CC～62CC 释放声；以及Ⅰ级磁场削弱电空阀 11CXF、61CXF 得电吸合和Ⅰ级磁场削弱电空接触器 11CC～61CC 吸合声。

③ 换向手柄 $1SK_X$ 由“Ⅰ”位移到“前”位时，听Ⅰ级磁场削弱电空阀 11CXF、61CXF 失电排风声和Ⅰ级磁场削弱电空接触器 11CC～61CC 释放声。

注意：试验结束以后将Ⅰ端调速手柄 $1SK_T$ 移到“0”位。

理论链接 5：磁场Ⅰ级、Ⅱ级、Ⅲ级削弱控制。

① $1SK_T$ 移到到 7 级及其以上后再将 SK_X 移到“Ⅰ”位，磁场削弱控制线路见图 2-8。

307 号线得电，Ⅰ级磁场削弱电空阀 11CXF、61CXF 线圈得电。由于Ⅰ级磁场削弱电空阀 11CXF、61CXF 线圈得电，控制磁场削弱电空接触器 11CC～61CC 的动作，故磁场削弱电空接触器 11CC～61CC 的常开联锁闭合。

控制线路为：N307→Ⅰ级磁场削弱电空阀 11CXF（线圈）//61CXF（线圈）→N300。

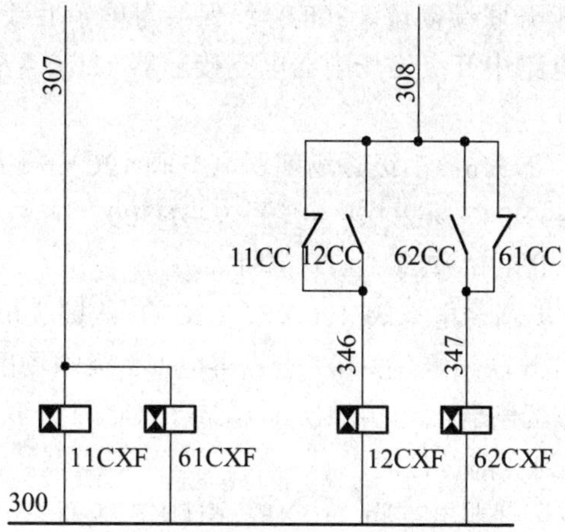

图 2-8　磁场削弱控制原理图

② $1SK_X$ 由“Ⅰ”位移到“Ⅱ”位时。

307 号线失电，Ⅰ级磁场削弱电空阀 11CXF、61CXF 线圈失电，主电路中磁场削弱电空接触器 11CC～61CC 常开联锁复位。308 号线得电，Ⅱ级磁场削弱电空阀 12CXF、62CXF 线圈得电，主电路中Ⅱ级磁场削弱电空接触器 12CC～62CC 常开联锁闭合。

将Ⅰ端调速手柄 $1SK_T$ 移到 7 级及其以上后再将 SK_X 移到“Ⅰ”位，307 号线得电，Ⅰ级磁场削弱电空阀 11CXF、61CXF 线圈得电。由于Ⅰ级磁场削弱电空阀 11CXF、61CXF 线圈得电，控制磁场削弱电空接触器 11CC～61CC 的动作，故磁场削弱电空接触器 11CC～61CC 的常开联锁闭合。

控制线路为：N307→Ⅰ级磁场削弱电空阀 11CXF（线圈）//61CXF（线圈）→N300。

将Ⅰ端换向手柄 $1SK_X$ 由“Ⅰ”位移到“Ⅱ”位时，307 号线失电，Ⅰ级磁场削弱电空阀 11CXF、61CXF 线圈失电，主电路中磁场削弱电空接触器 11CC～61CC 常开联锁复位。308 号线得电，Ⅱ级磁场削弱电空阀 12CXF、62CXF 线圈得电，主电路中Ⅱ级磁场削弱电空接触器 12CC～62CC 常开联锁闭合。

控制线路为：

N308→12CC（常开）→N346→Ⅰ级磁场削弱电空阀 12CXF（线圈）→N300。

N308→12CC（常开）→62CC（常开）→N347→62CXF（线圈）→N300。

将Ⅰ端换向手柄 $1SK_X$ 由“Ⅱ”位移到“Ⅲ”位，307 号线得电，Ⅰ级磁场削弱电空阀 11CXF、61CXF 线圈得电，主电路中磁场削弱电空接触器 11CC～61CC 常开联锁闭合。308 号线保持得电。Ⅱ级磁场削弱电空阀 12CXF、62CXF 线圈保持得电，主电路中磁场削弱电空接触器 12CC～62CC 常开联锁保持闭合。

③ $1SK_X$ 由“Ⅱ”位移到“Ⅲ”位。

307 号线得电，Ⅰ级磁场削弱电空阀 11CXF、61CXF 线圈得电，主电路中磁场削弱电空接触器 11CC～61CC 常开联锁闭合。308 号线保持得电，Ⅱ级磁场削弱电空阀 12CXF、62CXF 线圈保持得电，主电路中磁场削弱电空接触器 12CC～62CC 常开联锁保持闭合。

④ $1SK_X$ 由“Ⅲ”位移到“Ⅱ”位时。

307 号线失电，Ⅰ级磁场削弱电空阀 11CXF、61CXF 线圈失电，主电路中Ⅰ级磁场削弱电空接触器 11CC～61CC 常开联锁复位。308 号线保持得电，Ⅱ级磁场削弱电空阀 12CXF、62CXF 线圈保持得电，主电路中Ⅱ级磁场削弱电空接触器 12CC～62CC 常开联锁保持闭合。

控制线路为：

N308→12CC（常开）→N346→Ⅰ级磁场削弱电空阀 12CXF（线圈）→N300。

N308→62CC（常开）→N347→62CXF（线圈）→N300。

⑤ 换向手柄 $1SK_X$ 由“Ⅱ”位移到“Ⅰ”位时。

308 号线失电，Ⅱ级磁场削弱电空阀 12CXF、62CXF 线圈失电，主电路中Ⅱ级磁场削弱电空接触器 12CC～62CC 常开联锁复位。307 号线得电，Ⅰ级磁场削弱电空阀 11CXF、61CXF 线圈得电，主电路中Ⅰ级磁场削弱电空接触器 11CC～61CC 常开联锁闭合。

⑥ $1SK_X$ 由“Ⅰ”位移到“前”位时。

307 号线失电，Ⅰ级磁场削弱电空阀 11CXF、61CXF 线圈失电，主电路中Ⅰ级磁场削弱电空接触器 11CC～61CC 常开联锁复位。

注意：试验结束以后将Ⅰ端调速手柄 $1SK_T$ 移到“0”位。

试验操作顺序如图 2-9 所示。

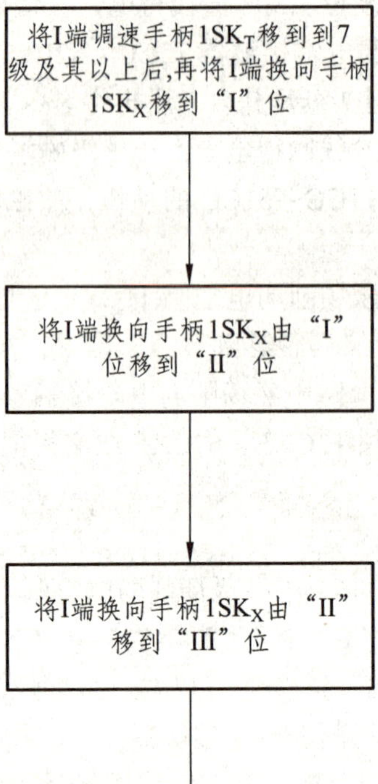

图 2-9　磁场削弱控制试验顺序

实验名称：磁场削弱控制试验

【实验目的及要求】

【实验原理】

【实验步骤】

【实验记录】

4. 电阻制动控制试验

操作步骤：

（1）将换向手柄 $1SK_X$ 由“前”位移到“制”位。

① 位置转换开关制动电空阀 1～2WHz 得电吸合后，听两位置转换开关工况鼓转到“制动”位。

② 听位置中间继电器 WHZJ、预备中间继电器 YZJ 吸合声。

③ 看“预备”信号指示灯灭。

（2）将调速手柄 $1SK_T$ 由“0”位移到“11”级。

① 零位中间继电器 LWZJ 失电释放后听位置转换开关制动电空阀 1～2WHz 失电排风声，看“零位”信号指示灯灭。

② 零位时间继电器 LWSJ 得电吸合后听励磁接触器 LC 和线路接触器 1～6XC 吸合声，看“电制动”信号指示灯亮。

③ DK-1 型制动机制动减压 50 kPa，保压 25 s 左右后自动缓解。

（3）将调速手柄 $1SK_T$ 由“11”级移到“0”级。

① 听零位中间继电器 LWZJ 得电吸合声。看“零位”信号指示灯亮。

② 零位时间继电器 LWSJ 延时释放后，听励磁接触器 LC 和线路接触器 1～6XC 失电释放声。

③ 看“电制动”信号指示灯灭。

注意：试验结束以后将 $1SK_X$ 由“0”位取出，插入辅助司机控制器“取”位并移到“0”位。

理论链接 6：电气制动。

基本原理：机车电气制动是利用电机的可逆原理。电气制动时，列车的惯性力带动牵引电动机，牵引电动机做发电机运行，将列车动能转变为电能，输出制动电流的同时，在牵引电动机轴上产生反转矩并作用于轮对，形成制动力使列车减速或在下坡道上一定速度运行。

韶山 3 型 4000 系电力机车采用电阻制动时，位置转换开关 1～6WH 转换到制动位，牵引电动机电枢绕组和主极绕组脱离，与制动电阻串联，同时与平波电抗器构成发电机回路，如图 2-10 和 2-11 所示，以 1MD 为例，线路为：1MD 电枢绕组→位置转换开关 1WH（N16→N17）→制动电阻 1ZR→N7→D12→D11→N1→平波电抗器 1PK→N5→线路接触器 1XC 联锁（常开）→N13→直流电流传感器 1ZLH→1MD 电枢绕组。

而 6 台励磁绕组反向串联连接，经励磁接触器与励磁整流器构成回路，主变压器 a3-c3 为励磁绕组供电，以交流电源的正半周期为例，线路为：a3（+）→D13→N7→励磁绕组（C23-C13）→励磁绕组（C22-C12）→励磁绕组（C21-C11）→励磁绕组（C14-C24）→励磁绕组（C15-C25）→励磁绕组（C16-C26）→励磁电空接触器 LC→N3→T17→c3（-）。

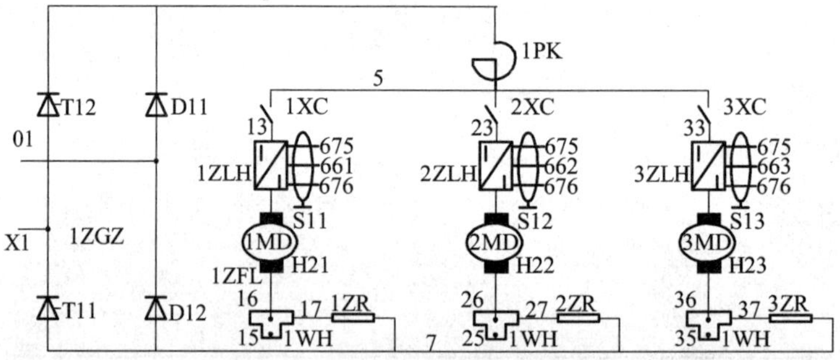

图 2-10　制动情况电枢绕组电路

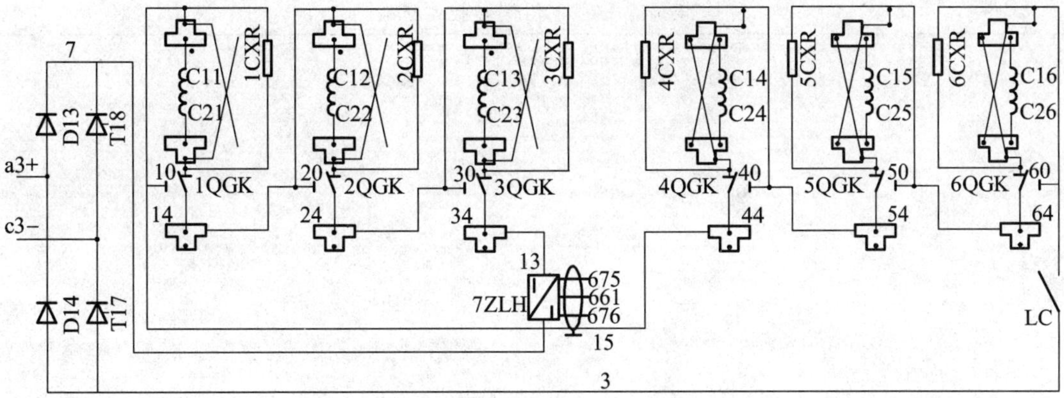

图 2-11　制动情况励磁电路

实施过程中易出现的问题：

（1）换向手柄人 SKx 置于“制”位，位置转换开关转不到“制”位。

① 导线 306 无电或是控制器接触不良。

② 零位中间继电器 LWZJ 联锁接触不良或其两端接线 306 和 343 虚接。

③ 位置转换开关制动电磁阀线圈损坏或其两端接线 343 和 300 虚接。

（2）换向手柄 SK_X 置于“制”位，位置转换开关转换正常，但励磁电空接触器 LC 不闭合。

① 接向 WHZJ 常开联锁的导线 306 接线不良，使导线 2007 无电。

② 励磁中间继电器 LCZJ 联锁故障或其两端接线 2008 和 2009 虚接。

③ 位置转换开关联锁 1WHz 故障或其两端接线 332 和 325 虚接以及 2WHz 故障或其两端接线 332 和 306 虚接。

④ 励磁电空接触器 LC 线圈断线或其两端接线 2009 和 300 松脱。

（3）励磁接触器 LC 闭合，调速手柄 SK_T 置“制动”位，预备中间继电器 YZJ 不闭合。

① 通风机和制动风机按键开关未合上。

② 1～4ZFJ 制动风速继电器之一有故障。

③ 制动风机有故障。

④ 由于闸缸压力大于 150 kPa 使风压继电器 1FYJ 动作，造成了 LC 从闭合状态变为断开状态，使预备中间继电器 YZJ 无法得电闭合。

试验操作顺序如图 2-12 所示。

图 2-12　电阻制动控制试验顺序

实验名称：电阻制动控制试验

【实验目的及要求】

【实验原理】

【实验步骤】

【实验记录】

5. 调车控制器方向选择和工况控制电路试验

操作步骤：

（1）调车控制器 $1FSK_X$ 由“0”位移到“前”位，调车控制器见图 2-13。

① 听工况鼓转到“牵引”位。

② 听位置中间继电器 WHZJ 和预备中间继电器 YZJ 吸合声。

③ 看“预备”信号指示灯灭。

图 2-13　调车控制器控制面板

理论链接 7：$1FSK_X$ 由“0”位移到“前”位。

$1FSK_X$ 由“0”位到“前”位，304 号线得电，1WHq 和 2WHh 得电，位置转换开关反向鼓置“前”位，手柄控制线路图见图 2-14，电路原理图见图 2-4。

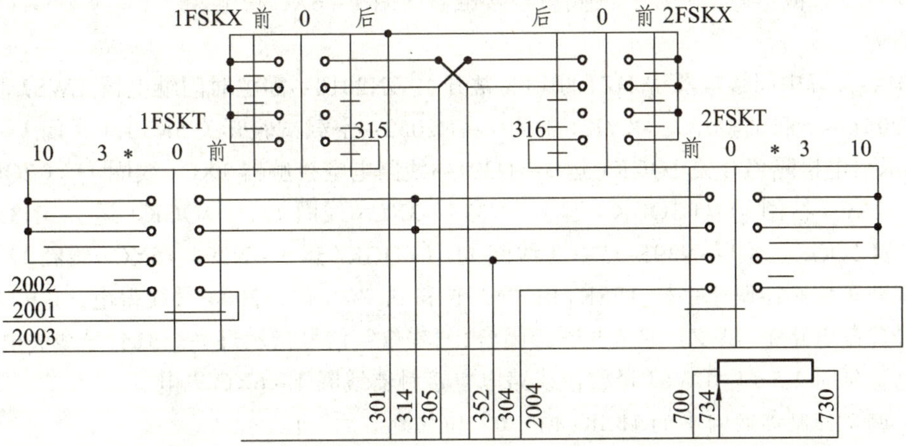

图 2-14　1FSKX、2 FSKX 和 1FSKT、2FSKT 控制电路图

线路为：N304→LWZJ 联锁（常开）→N344→1WHq//2WHh（线圈）→N300。

此时 1WHq 和 2WHh 的常闭联锁接通 1WHqy、2WHqy，位置转换开关工况鼓到牵引位。

线路为：N304→1WHq（常闭）→N321→2WHh（常闭）→LWZJ 联锁（常开）→N342→1WHqy//2WHqy（线圈）→N300。

同时，1WHqy、2WHqy 的联锁接通 WHZJ 线圈。

线路为：N304→1WHq（常闭）→N321→2WHh（常闭）→2WHqy（常闭）→N324→1WHqy（常闭）→WHZJ（线圈）→N300。

由于 1FJK 和 2FJK 在试验前置故障位，因此，FSJ 有电，FSJ 常开联锁，WHZJ 联锁，QDK 接通 YZJ。

线路为：N301→FSJ 联锁（常开）→N2020→WHZJ 联锁（常开）→N2021→QDK→N328→YZJ（线圈）→N300。

由于 YZJ 得电，信号控制电路中 YZJ 的常闭联锁断开，“预备”信号灯灭。

（2）调车控制器调速手柄 $1FSK_T$ 由“0”位移到“*”位。

① 零位中间继电器 LWZJ 失电释放后，听 1WHq、2WHh 和 1～2WHqy 失电排风声。看“零位”信号指示灯灭。

② 零位时间继电器 LWSJ 得电吸合后，听线路电空接触器 1～6XC 吸合声。

（3）调车控制器调速手柄 $1FSK_T$ 由“*”位移到“0”位。

① 听 LWZJ 得电吸合声。看“零位”信号指示灯亮。

② 延时 1.5 s 后 LWSJ 释放，听线路电空接触器 1～6XC 失电释放声。

理论链接 10：调车控制器调速手柄 FSK_T 由“0”位移到“*”位、FSK_T 由“*”位移到“0”位。

Ⅰ端调车控制器调速手柄 $1FSK_T$ 由“0”位移到“*”位，2004 号线失电，LWZJ 线圈失电，信号控制电路中 LWZJ 的常开联锁保持断开，“零位”信号指示灯灭。同时，1WHq 和 2WHh 线圈失电，1WHqy 和 2WHqy 线圈失电。

314 号线得电，LWSJ 线圈得电。由于上步试验结束以后，位置转换开关反向鼓置“前”位，故 WHZJ 线圈得电。所以，线路电空接触器线圈 1～6XC 得电。

线路为：

N301→位置中间继电器 WHZJ 联锁（常开）→N2010→零位时间继电器 LWSJ 联锁（常开）→N2051→空载试验开关 4KYK（常闭）→N2052→空载试验开关 5KYK（常闭）→N390→（第一台牵引电机隔离开关 1QGK（运）→N391→线路电空接触器 1XC（线圈））//（2QGK（运）→N392→2XC（线圈））//（3QGK（运）→N393→3XC（线圈））//（4QGK（运）→N394→4XC（线圈））//（5QGK（运）→N395→5XC（线圈））//（6QGK（运）→N396→6XC（线圈））→N300。

Ⅰ端调车控制器调速手柄 $1FSK_T$ 由“*”位移到“0”位，2004 号线得电，LWZJ 线圈得电，信号控制电路中 LWZJ 的常开联锁闭合，“零位”信号指示灯亮。314 号线失电，LWSJ 线圈失电，延时 1.5 s 后 LWSJ 释放，线路电空接触器线圈 1～6XC 失电。

（4）调车控制器换向手柄 $1FSK_X$ 由“0”位移到“后”位。

① 先听反向鼓转到“后”位。

② 听位置中间继电器 WHZJ 和预备中间继电器 YZJ 吸合声。

③ 看“预备”信号指示灯灭。

理论链接 8：$1FSK_X$ 由“0”位移到“后”位。

Ⅰ端调车控制器方向手柄 $1FSK_X$ 由“0”位到“后”位，305 号线得电，1WHh、2WHq 电空阀得电，位置转换开关反向鼓置“后”位。此时 1WHh 和 2WHq 的联锁接通电空阀 1WHqy，2WHqy，位置转换开关工况鼓到牵引位。同时，1WHqy、2WHqy 的联锁接通 WHZJ 线圈。

由于 1FJK 和 2FJK 在试验前置故障位，因此，FSJ 有电，FSJ 常开联锁、WHZJ 联锁，QDK 接通 YZJ 线圈。信号控制电路中 YZJ 的常闭联锁断开，“预备”信号灯灭。

（5）调车控制器调速手柄 $1FSK_T$ 由“0”位移到“*”位。

① 零位中间继电器 LWZJ 失电释放后听 1WHq、2WHh 和 1～2WHqy 失电排风声。看“零位”信号指示灯灭。

② 零位时间继电器 LWSJ 得电吸合后听线路电空接触器 1～6XC 吸合声。

（6）调车控制器调速手柄 $1FSK_T$ 由“*”位移到“0”位。

① 听 LWZJ 得电吸合声。看“零位”信号指示灯亮。

② 延时 1.5 s 后 LWSJ 释放，听线路电空接触器 1～6XC 失电释放声。

注意：试验结束以后取出Ⅰ端调车控制器调速手柄手柄，插入司机控制器“0”位。

理论链接 9：$1FSK_T$ 由“0”位移到“*”位、$1FSK_T$ 由“*”位移到“0”位。

调车控制器调速手柄 $1FSK_T$ 由“0”位移到“*”位，2004 号线失电，LWZJ 线圈失电，信号控制电路中 LWZJ 的常开联锁保持断开，“零位”信号指示灯灭。同时，1WHq 和 2WHh 线圈失电，1WHqy 和 2WHqy 线圈失电。

314 号线得电，LWSJ 线圈得电。由于上步试验末，位置转换开关反向鼓置“前”位，故 WHZJ 线圈得电。所以，线路电空接触器线圈 1～6XC 得电。

调车控制器调速手柄 $1FSK_T$ 由“*”位移到“0”位，2004 号线得电，LWZJ 线圈得电，信号控制电路中零位中间继电器 LWZJ 的常开联锁闭合，“零位”信号指示灯亮。314 号线失电，LWSJ 线圈失电，延时 1.5 s 后零位时间继电器 LWSJ 释放，线路电空接触器线圈 1～6XC 失电。

试验操作顺序如图 2-15 所示。

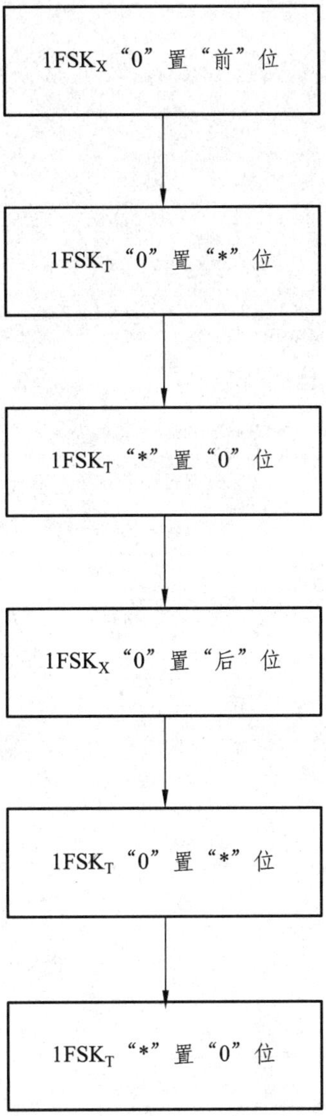

图 2-15　调车控制器方向选择和工况控制电路试验顺序

实验名称：调车控制器方向选择和工况控制电路试验

【实验目的及要求】

【实验原理】

【实验步骤】

【实验记录】

四、项目实施

1. 学习组织形式

本项目实施中，对学生进行分组，3～5 人一个工作组。各组制订实施方案及工作计划，组长协助教师指导本组学生学习，检查项目实施进程和质量，制订改进措施，共同完成项目任务。

2. 工具材料准备

作业工具包括：制服、电钥匙。

3. 作业要求

（1）课前做好预习，熟悉控制电路的控制逻辑。

（2）按照步骤完成司机控制器、调车控制器及调速控制试验，试验前需向老师申请，注意先后顺序。

（3）仔细听各继电器或接触器的动作声音，观察指示灯信号是否按控制要求点亮。

（4）对于故障处要做好记录。试验完成后要对司控器、电钥匙归位。

4. 项目评价

考核内容及评分表见表 2-1。

表 2-1　考核内容及评分表

考核标准	考核结果
（1）符合低压整备控制试验的流程	40 分（流程错误或者顺序不对每次扣 2 分）
（2）按要求完成作业	20 分
（3）按要求完成拓展项目	20 分
（4）劳动态度安全生产	20 分

五、项目作业

完成司机控制器、调车控制器及调速控制低压试验。

六、项目扩展

查资料，对比下 SS4G 司机控制器、调车控制器及调速控制低压试验。

项目三　保护电路实验

一、项目任务及要求

项目任务：掌握韶山3型4000系电力机车制动保护之、牵引风速保护实验、原边过流保护实验、辅助过流保护实验、主电路置接地保护实验、辅助电路接地保护实验、过流保护实验、辅助电机一次二次保护实验、零压之保护电路实验。

时间要求：18课时。

质量要求：高低压试验是乘务员出乘前对机车电气性能进行测试的必要试验，以保障机车电气安全，而制动保护电路试验是低压试验的第三步，包括了制动保护实验、牵引风速保护实验、原边过流保护实验、辅助过流保护实验、主电路之接地保护实验、辅助电路接地保护实验、过流保护实验、辅助电机一次二次保护实验、零压保护电路实验，必须严格按照试验顺序进行逐步测试。

安全要求：确认机车各部无人作业；司机室、低压柜、高压柜、变压器室及车顶均无异物；升弓前低压试验各环节电路正确。

文明要求：自觉按文明生产规则进行项目作业。

环保要求：努力按照环境保护要求进行项目作业。

二、项目分析

（一）项目任务理论

（1）调速手柄和换向手柄的控制原理。

（2）信号控制电路原理。

（3）过流保护控制线路原理。

（4）接地保护控制线路原理。

（5）辅助电机控制线路原理。

（6）零压保护控制线路原理。

（二）任务分析

制动保护电路试验包括制动保护实验、牵引风速保护实验、原边过流保护实验、辅助过流保护实验、主电路之接地保护实验、辅助电路接地保护实验、过流保护实验、辅助电机一次二次保护实验、零压保护电路实验。要求学生结合电气联锁、劈相机启动、辅助电机启动等控制原理，按照步骤观察相对应继电器的动作，仔细听继电器的吸合和释放时发出的响声。并根据响声判断电气是否正常。

1. 低压试验准备工作

（1）闭合控制电源柜 KJDK、DCK、KGK 闸刀，电源柜转换开关转至 A 组，确认控制电压不低于 75 V，电子柜冷却风扇转动。

（2）电子柜转换开关转至 A 组。

（3）打开总风缸 $113^{\#}$塞门，确认总风缸风压不低于 700 kPa，各风路塞门处于正常位置。

（4）将牵引风速故障开关 1FJK、制动风速故障开关 2FJK 和零压故障开关 LYK 置于“故障”位。

三、任务实施路径与步骤

（一）任务路径

任务路径如图 3-1 所示。

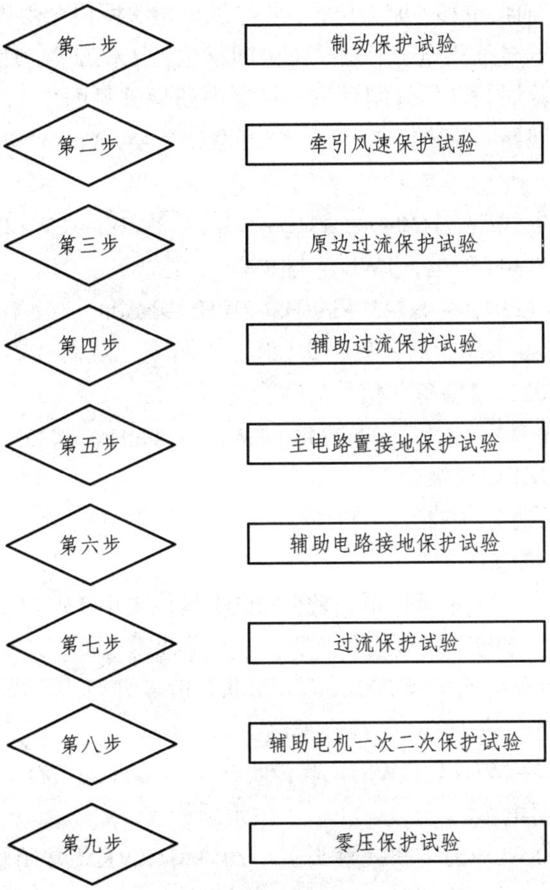

图 3-1　任务路径

（二）任务步骤

以下步骤以 I 端操作为例。

1. 制动保护试验

操作步骤：

（1）换向手柄 $1SK_x$ 由“0”位经“前”位移到“制”位后，调速手柄 $1SK_T$ 由“0”位移到 8 级以下。

① 听牵引电空阀 1 ~ 2WHqy 失电排风声。工况鼓转到制动位。

② 听位置中间继电器 WHZJ、预备中间继电器 YZJ 吸合声。看“预备”信号指示灯灭。

③ 零位中间继电器 LWZJ 失电释放后，听 1 ~ 2WHz 失电排风声。看“零位”信号指示灯灭。

④ 零位时间继电器 LWSJ 得电吸合后，听接触器 LC 和 1 ~ 6XC 吸合声。看“电制动”信号指示灯亮。

⑤ DK-1 型制动缸减压 50 kPa 后保压 25 s 左右自动缓解。

理论链接 1：制动保护。

若操作换向手柄 $1SK_x$ 在“制”位时，因为采用加馈电阻制动，主电路不允许实施“向后”运行工况的加馈制动，所以得先经“前”逻辑后再转“制”位。

$1SK_x$ 由“0”位经“前”位移“制”位，304 号线失电，所以牵引电空阀 1 ~ 2WHqy 失电。2041 号线得电，同时 306 号线得电，通过零位中间继电器 LWZJ 联锁使 1WHz、2WHz 电磁阀线圈得电动作，工况鼓转到制动位。制动位置控制电路原理见图 3-2。

1WHq//2WHh 失电线路：N304→LWZJ（常开联锁）→N344→1WHq//2WHh（线圈失电）→N300。

1WHqy//2WHqy 失电线路：N304→1WHq→N321→2WHh→LWZJ（常开联锁）→N342→1WHqy//2WHqy→N300（304 失电，1Whqy 与 2Whqy 失电）。

N306→LWZJ（常闭联锁）→N343→1WHz//2WHz→N300。

1WHz、2WHz 常开触头闭合后，WHZJ（线圈）得电，从而 YZJ（线圈）得电，当 YZJ（常闭）得电断开导线 2033，“预备”信号灯就会熄灭。

线路为：N2041→1WHq（常闭）→N2043→2WHh→2WHz→N332→1WHz→N325→WHZJ（线圈）→N300（使 WHZJ 得电吸合）。

N301→FSJ（常闭联锁）→N2020→WHZJ（常开联锁）→N2021→QDK→N328→YZJ（线圈）→N300（使 YZJ 得电吸合）。

然后 $1SK_T$ 由“0”位移到 8 级以下，此时 2004 号线失电 LWZJ 失电，1 ~ 2WHz 失电，LWZJ 常开触头失电后，“零位”信号指示灯灭；314 号线得电 LWSJ 得电，励磁接触器 LC 线圈得电，常开触头 LC 闭合接通导线 2050，“电制动”信号灯亮。位置中间继电器 WHZJ 和零位时间继电器 LWSJ 得电，使 1 ~ 6XC 都会得电。

线路为：N306→2007→WHZJ→LWSJ（联锁闭合）→2008→LCZJ（常开联锁）→2009→LC（线圈）→N300（使 LC 得电）。

N301→WHZJ→2010→LWSJ（联锁触头）→2051→4KYK（常闭触头）→N2052→5KYK（常闭触头）→1 ~ 6QGK（常闭触头）→1 ~ 6XC（线圈）→N300（使 XC 线圈得电）。

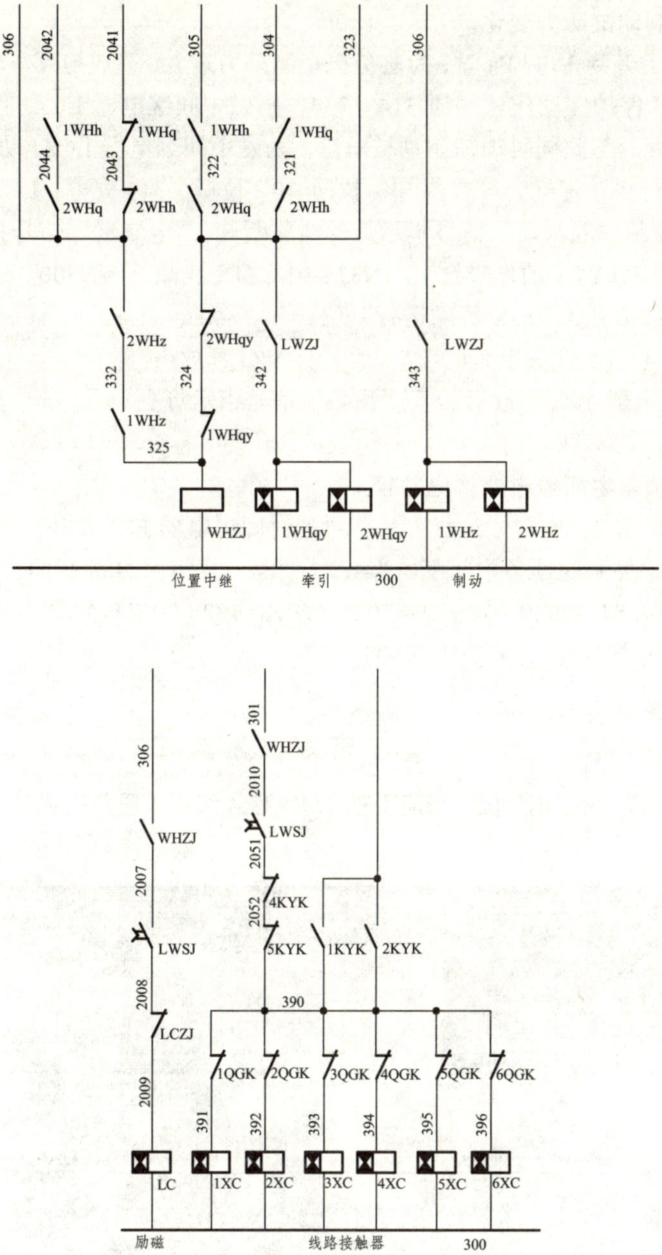

图 3-2　制动位置控制电路原理

（2）制动缸压力上升到 150 kPa。

① 听励磁中间继电器 LCZJ 得电吸合声和励磁接触器 LC 失电释放声。

② 看“电制动”信号指示灯灭。

（3）制动缸压力降至 100 kPa 下。

① 励磁中间继电器 LCZJ 保持吸合不释放。

② 看“电制动”信号指示灯灭。

理论链接 2：制动缸压力变化。

当制动缸压力上升到 150 kPa 时，为避免机车制动力过大，造成抱死车轮滑行，轮对擦伤，则风压继电器 1FYJ 保护性动作，接通 314～334，励磁中间继电器 LCZJ 吸合动作，线圈 LC 失电，开断励磁电路，与此同时加馈制动被解除。励磁中间继电器 LCZJ 动作的同时，它借助自身的常开联锁进行自锁记忆，只有待 SK_T 拉回“0”位后，314 失电，LCZJ 解锁释放，恢复正常。LC 失电，控制“电制动”信号指示灯的线路断开，“电制动”信号指示灯灭。

线路为：N314→1FYJ（动作吸合）→N334→LCZJ（线圈）→N300。

（4）制动风速故障开关 2FJK 置“运行”位。

① 风速时间继电器 FSJ 失电延时 1.5 s 后，听 YZJ 释放声。

② 预备中间继电器 YZJ 释放后，看“预备”信号指示灯亮

试完后将 $1SK_T$ 移到“0”位。

理论链接 3：预备中间继电器得电路径。

制动风速故障开关 2FJK 置“运行”后，风速时间继电器 FSJ 失电，风速时间继电器 FSJ 控制触头延时断开，控制的预备中间继电器 YZJ 失电，常闭 YZJ 控制的“预备”信号灯亮。

线路为：N301→FSJ→2020→WHZJ→2021→QDK→328→YZJ（线圈）→N300（YZJ 失电）。

N550→预备信号灯→2033→YZJ→N300。

2. 牵引风速保护实验

操作步骤：

（1）换向手柄 $1SK_x$ 移“前”位，调速手柄 $1SK_T$ 移 4 级后，置牵引风速故障开关 1FJK（见图 3-3）“运行”位。

图 3-3　1FJK 故障转换开关

① 风速时间继电器 FSJ 失电延时 1.5 s 后，听预备中间继电器 YZJ 释放声。

② 预备中间继电器 YZJ 释放后，看“预备”信号指示灯亮。

（2）调速手柄 $1SK_T$ 移至 2 级。

① FSJ、YZJ 得电吸合，看“预备”信号指示灯灭。

试完后将 $1SK_x$、$1SK_T$ 移回“0”位。

理论链接 4：牵引风速保护。

换向手柄 $1SK_x$ 移“前”位，304 号线得电，1WHq、2WHh 得电，位置中间继电器 WHZJ 得电，预备中间继电器 YZJ 得电，然后调速手柄 SK_T 移 4 级后，置牵引风速故障开关 1FJK“运行”位，352 失电，那么风速时间继电器 FSJ 就会失电，风速时间继电器 FSJ 延时触头延时 1.5 秒释放，预备中间继电器 YZJ 就会失电释放。由于预备中间继电器 YZJ 失电释放后接通导线 2033，它所对应的“预备”信号指示灯就应该亮。风速保护电路控制线路见图 3-4 所示。

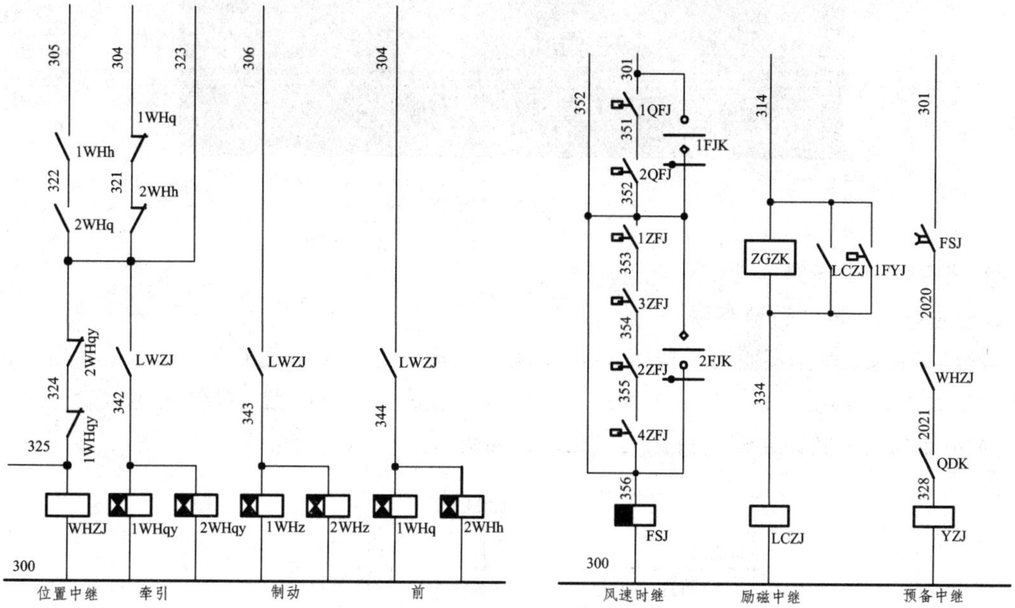

图 3-4　风速保护控制电路原理

FSJ 得电有两条路径：N301→1FJK（故）→2FJK（故）→N356→FSJ（线圈）→N300（此时 1FJK 还在故障位）。

N352→LC（常闭联锁）//2FJK（故障位）→FSJ（线圈）→N300。

调速手柄 $1SK_T$ 移至 2 级，352 号线得电，经 LC 连接风速时间继电器 FSJ，再经由 301 号线使预备中间继电器 YZJ 得电，从而开断导线 2033，“预备”信号灯熄灭，调速控制准备完毕。

线路为：N301→FSJ（常开联锁）→N2020→WHZJ（常开联锁）→N2021→QDK→YZJ（线圈）→N300。

主要测试风速时间继电器 FSJ 正常的得电路径是否接通，以及测试预备中间继电器的通电连接路径。

3. 原边过流保护实验

操作步骤：

（1）按压网侧过流继电器 YGJ（见图 3-5）衔铁。

① 听主断路器分断声，看“原边电流”“主断”信号指示灯亮；

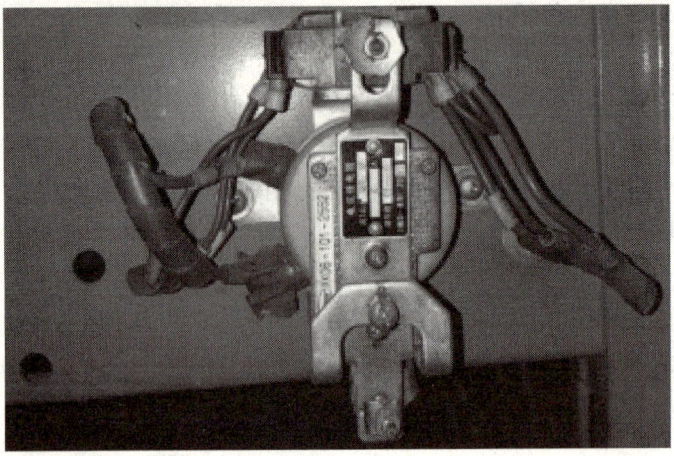

图 3-5　网测过流继电器

② 试后闭合主断路器看信号灯灭。

理论链接 5：原边过流保护。

进行原边过流保护实验时，按压 YGJ 衔铁，接通 401～402，使 QD 分闸线圈得电，主断路器分闸保护，与此同时，401～414 接通，使网侧过流中间继电器 YGZJ 得电吸合，并通过 421～414 导线上之联锁自锁保持记忆，控制线路见图 3-6。

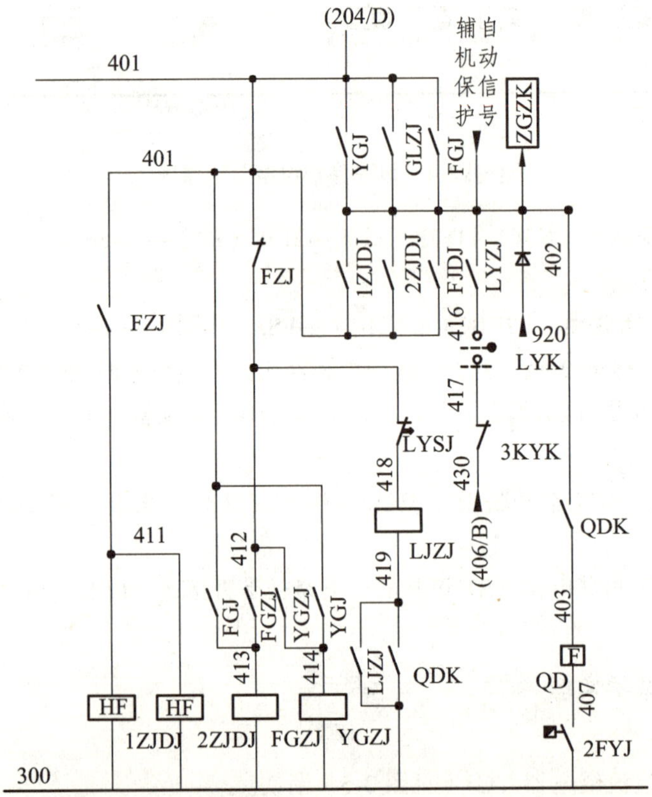

图 3-6　保护控制电路

网侧过流中间继电器 YGZJ 常开闭合接通导线 560，“原边电流”信号指示灯亮；主断路器电联锁开关 QDK 联锁闭合接通导线 541，“主断”信号指示灯亮。

线路为：N401→YGJ→N402→QDK→N403→QD（分闸线圈）→N407→2FYJ→N300（主断路器分闸）。

4. 辅助过流保护实验

（1）按压辅助过流继电器 FGJ 衔铁。

① 听主断路器分断声，看“主断”信号指示灯亮。

② 试后闭合主断路器看信号灯灭。

理论链接 6：辅助过流保护。

辅助过流保护是通过 FGJ 辅助过电流继电器的吸合动作实现的，所以进行试验时主要是为了检测 FGJ 的动作是否能够达到过流保护的目的。

当按压辅助过流继电器 FGJ 衔铁，使 FGJ 辅助过电流继电器得电吸合动作，接通导线 401～402，使 QD 分闸，QDK 联锁闭合接通导线 541，“主断”信号指示灯亮，同时接通 401～413，使辅助过流中间继电器 FGZJ 得电闭合，并自锁保持记忆，控制线路见图 3-6。

线路为：N401→FGJ（常开触点）→N402→QDK→N403→QD（分闸线圈）→N407→2FYJ→N300。

试验操作顺序如图 3-7 所示。

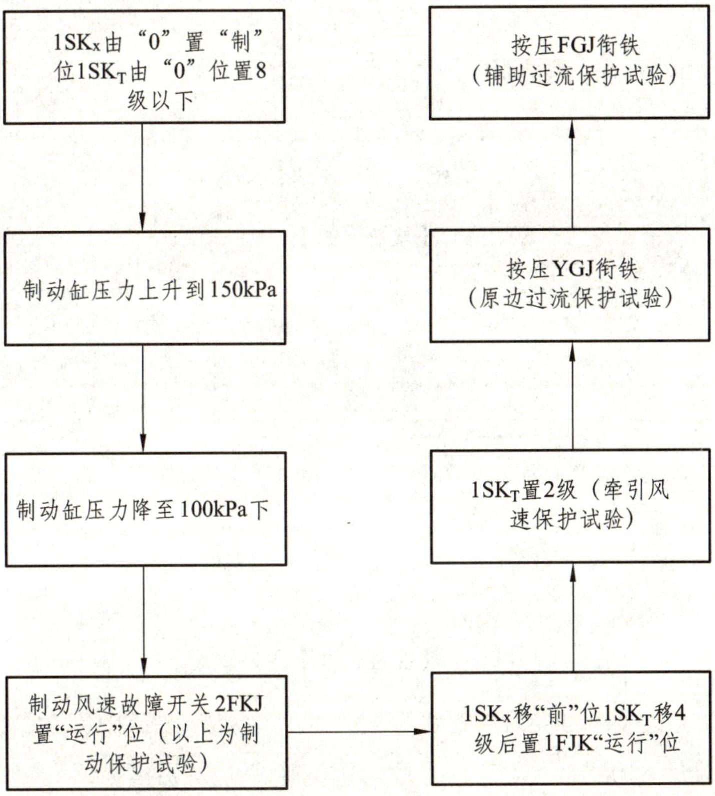

图 3-7　保护控制电路操作顺序（一）

实验名称：保护电路试验（一）

【实验目的及要求】

【实验原理】

【实验步骤】

【实验记录】

5. 主电路之接地保护实验

操作步骤：

（1）人为使Ⅰ架接地。

① 听主断路器分断声，看“主断”信号指示灯亮。

② 看“接地 1”号指示灯亮。

③ 试后闭合主断路器，看信号灯灭。

（2）人为使Ⅱ架接地。

① 听主断路器分断声，看“主断”信号指示灯亮。

② 看“接地 2”号指示灯亮。

③ 试后闭合主断路器，看信号灯灭。

理论链接 7：主接地保护。

主电路之接地保护主要看主接地继电器 ZJDJ（见图 3-8）的动作来实现 QD 分闸保护。当我们进行试验时，分别依次让Ⅰ架和Ⅱ架接地进行试验，那么 1ZJDJ 或者 2ZJDJ 接地继电器就会吸合，导线 401 ~ 402 接通，使主断路器 QD 分闸，QDK 联锁闭合接通导线 541，“主断”信号指示灯亮，分别接通对应的导线 561 或者 2032，使“主接地 1”或者“主接地 2”信号灯亮。操作“主断路器合”，通过 FZJ，接通导线 401 ~ 411，使接地继电器恢复线圈（HF）得电吸合，可以使机械锁扣脱扣而恢复。

图 3-8　主接地继电器

线路为：N401→1ZJDJ/2ZJDJ→N402→QDK→403→QD（分闸线圈）→407→2FYJ→N300。

N550→主接地 1 信号指示灯→N561→1ZJDJ→N300。

N550→主接地 2 信号指示灯→N2032→2ZJDJ→N300。

6. 辅助电路接地保护实验

操作步骤：

（1）人为使辅助电路接地。

① 听主断路器分断声，看“辅接地”信号指示灯亮。

② 看“辅接地”信号指示灯亮。

③ 试后闭合主断路器，看信号灯灭。

理论链接 8：辅助接地保护。

辅助电路接地保护，依靠辅助接地继电器 FJDJ 动作来实现 QD 分闸保护。当进行辅助电路接地保护试验时，首先我们进行人为辅助接地，辅助接地继电器 FJDJ 线圈得电，辅助接地继电器 FJDJ 常开触头闭合，接通导线 401 ~ 402 使 QD 分闸，主断路器分断，同时 FJDJ 控制的“辅接地”信号指示灯亮。

线路为：N401→FJDJ（常开联锁）→N402→QDK→N403→QD（分闸线圈）→N407→2FYJ→N300。

7. 过流保护实验

操作步骤：

（1）按压过流中间继电器 GLZJ（见图 3-9）按钮。

① 听主断路器分断声，看“主断”信号指示灯亮。

② 试后闭合主断路器看信号灯灭。

理论链接 9：

主变压器次边短路、过电流保护、牵引电动机过流保护都是通过过流中间继电器 GLZJ（见图 3-9）进行保护控制。主变压器次边短路、过电流保护是通过 3 ~ 6LH 电流互感器检测信号输入 ZGZK，再由导线 687 输出执行信号，使 GLZJ 过流中间继电器吸合动作，其联锁接通导线 401 ~ 402，使 QD 分闸保护。

图 3-9　过流中间继电器

牵引电动机过流，依靠 1 ~ 6ZLH 相应的直流电流互感器检测信号输入 ZGZK。同理，由导线 687 输出执行信号，GLZJ 吸合动作，使 QD 分闸。

线路为：N401→GLZJ→N402→QDK→N403→QD（分闸线圈）→407→2FYJ→N300。

8. 辅助电机一次二次保护实验

操作步骤：

（1）依次按压牵引风机电动机 4FD ~ 1FD、压缩机电动机 2YD ~ 1YD、制动风机电动机

1ZFD ~ 2ZFD 及劈相机 $2P_x$、$1P_x$ 保护插件实验按钮 10 s 以上，进行辅机一次保护实验。

① 按压实验按钮后，看相应辅助电机保护插件上的指示红灯亮，等 10 s 后，听相应的辅助电机接触器失电释放声。

② 看司机台相应的辅助电机“过流”信号灯亮。

交验机车及考升司机时做此项实验。

（2）在辅机一次保护实验后，继续按压辅机保护插件实验按钮，并保持 5 s 以上，进行辅机二次保护实验。

① 5 s 后听主断路器分断声，看“主断”信号指示灯。

② 试后将辅保插件故障开关置故障位后恢复，断开所有辅机控制按键开关。

理论链接 10：辅机过流保护。

辅机过流保护是当某一辅助电机发生短路、单相或堵转引起电流过大，依靠 1 ~ 10GJZ 相应的辅机过电流保护装置动作，切除对应的辅机接触器，开断辅机进行保护。一旦出现接触器无法打开的故障，则过流会继续，需要执行第二次保护，通过辅机过电流保护装置 GJZ 内的中间继电器，接通 402，使 QD 分闸保护，主断路器分断，主断路器联锁开关 QDK 失电，“主断”信号灯亮。

按压相应辅机保护插件后，对应的继电器失电，对应的辅机接触器失电，对应辅机应该被切除，由辅机过电流保护装置 GJZ 控制的相应辅助电机“过流”信号灯亮。

线路为：N550→对应的辅机信号灯→GJZ→N300（第一次辅机保护信号灯控制）。

GJZ 信号→402→QDK→403→QD（分闸线圈）→N407→2FYJ→N300（第二次辅机保护控制）。

9. 零压保护电路实验

操作步骤：

（1）零压故障开关 LYK 置于“运行”位。

① 零压中间继电器 LYZJ 得电自持，听主断路器分断声，看“主断”信号指示灯亮。

② 看“零压”信号指示灯亮。

③ 应无辅机接触器和继电器闭合。

④ 试后关闭劈相机按键开关。

理论链接 11：零压保护原理

零压保护即为接触网供电失压保护，以防止供电失压后再送电可能出现的事故。零压保护由变压器 LYB（380V/127V）经故障转换开关 LYK 跨接在主变压器 a6 ~ x6 绕组输出线上（104、105），LYB 次变经限流电阻 LYR、硅整流器 LYGZ 后输出直流，零压继电器 LYSJ 是延时释放的直流时间继电器，接触网正常供电时受电吸合，吸合动作后接入稳压管 LYWY（2×25 V）和保护电容 LYC，仅使 LYSJ 保持一个维持电压（60 V）值，以抬高继电器返回系数，即提高零压继电器保护动作灵敏度。当基础网供电失压，且失压时间大于 1 s 时，LYSJ 失电释放，并控制机车主断路器 QD 分闸，在主司机台显示“零压”信号。同时切断控制电路中各辅机接触器，使各辅机停止工作，控制线路见图 3-10。

线路为：N401→FZJ（常闭联锁）→LYSJ（常闭联锁）→N418→LYZJ（线圈）→N419→QDK（常开联锁）→N300。

LYK→416→LYZJ（常开联锁）→N402→QDK→N403→QD（分闸线圈）→N407→2FYJ（分压继电器）→N300。

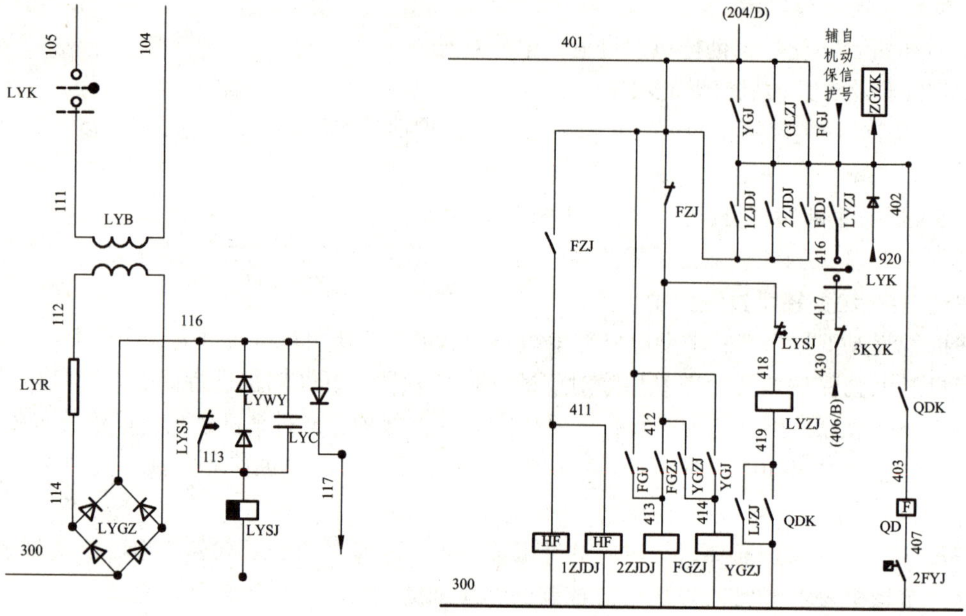

图 3-10　零压接地保护电路

试验操作顺序如图 3-11 所示。

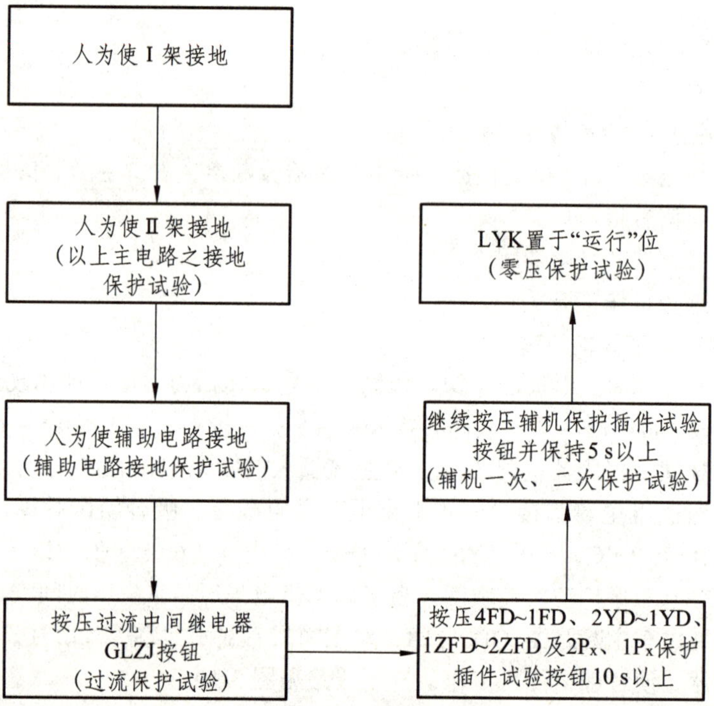

图 3-11　保护电路试验（二）

实验名称：保护电路试验（二）

【实验目的及要求】

【实验原理】

【实验步骤】

【实验记录】

四、项目实施

1. 学习组织形式

本项目实施中，对学生进行分组，3 ~ 5 人一个工作组。各组制订实施方案及工作计划，组长协助教师指导本组学生学习，检查项目实施进程和质量，制订改进措施，共同完成项目任务。

2. 工具材料准备

作业工具包括：制服、电钥匙。

3. 作业要求

（1）课前做好预习，熟悉控制电路的控制逻辑。

（2）按照步骤完成制动保护试验，试验前需向老师申请，注意先后顺序。

（3）仔细听各继电器或接触器的作声音，观察指示灯信号是否按控制要求点亮。

（4）对于故障处要做好记录。试验动完成后要对司控器、电钥匙归位。

4. 项目评价

考核内容及评分表见表 3-1。

表 3-1　考核内容及评分表

考核标准	考核结果
（1）符合低压整备控制试验的流程	40 分（流程错误或者顺序不对每次扣 2 分）
（2）按要求完成作业	20 分
（3）按要求完成拓展项目	20 分
（4）劳动态度安全生产	20 分

五、项目作业

独立按规定完成保护电路试验，完成试验报告。

六、项目扩展

查资料，对比下 SS4G 保护电路试验。

项目四　高压整备控制试验

一、项目任务及要求

项目任务：掌握韶山3型4000系电力机车在高压条件下的门联锁试验、受电弓试验、主断路器试验、劈相机组启动试验、压缩机组启动试验、牵引风机启动试验和制动风机启动试验。

时间要求：18课时。

质量要求：高低压试验是乘务员出乘前对机车电气性能进行测试的必要试验，以保障机车电气安全，在带电操作下，包括了门联锁试验、受电弓试验、主断路器试验、劈相机组启动试验、压缩机组启动试验、牵引风机启动试验和制动风机启动试验。必须严格按照试验顺序进行逐步测试。

安全要求：确认机车各部无人作业；司机室、低压柜、高压柜、变压器室及车顶均无异物；升弓前低压试验各环节电路正确。

文明要求：自觉按文明生产规则进行项目作业。

环保要求：努力按照环境保护要求进行项目作业。

二、项目分析

（一）项目任务理论

（1）门联锁的电路线路原理。
（2）受电弓的控制线路原理。
（3）主断路器的控制线路原理。
（4）劈相机组的启动控制线路原理。
（5）压缩机组的启动控制线路原理。
（6）牵引风机启动控制线路原理。
（7）制动风机启动控制线路原理。

（二）任务分析

整备控制试验是高压试验的第一步，包括电气门联锁试验、受电弓试验、主断路器试验、劈相机组启动试验、压缩机组启动试验、牵引风机启动试验和制动风机启动试验。要求学生结合电气联锁、劈相机启动、压缩机组启动等控制原理，按照步骤观察相对应继电器的动作和信号指示灯的状态，仔细听继电器的吸合和释放时发出的响声。并根据响声判断电气是否正常。

1. 高压试验前的准备工作

（1）电子柜 A/B 组转换开关转至 A 组，电源柜 A/B 组转换开关转至 A 组，1 ~ 3QGK 置“运行”位，4 ~ 6QGK 置“故障”位。

（2）确认各保护装置在“运行”位，SK_T 在“0”位。

（3）机车制动，制动缸压力保持 300kPa。

（4）清除各室杂物，确认各室无人后关闭各室门，拉下锁闭杆。

（5）确认机组人员到齐，车上车下无人作业后开始进行试验。

三、任务实施路径与步骤

（一）任务路径

任务路径如图 4-1 所示。

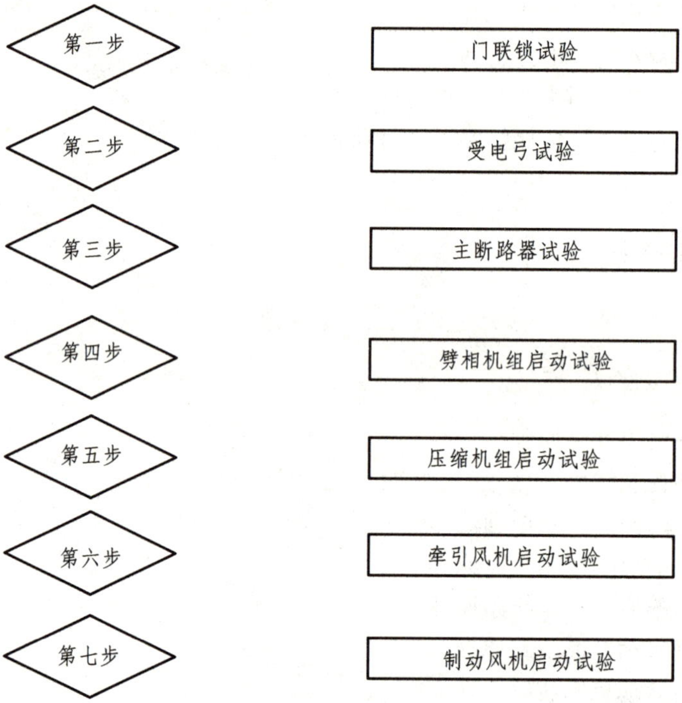

图 4-1　任务路径

（二）任务步骤

1. 门联锁试验

操作步骤：

（1）闭合电钥匙（DSK）。

① 听保护阀（BHF）得电后门联锁动作声，听风速时间继电器（FSJ）吸合声。

② 看“主断”“预备”“零位”“油泵”信号指示灯亮。

2. 受电弓试验

操作步骤：

（1）同时闭合前后弓按键开关。

① 确认前后受电弓升起。

② 升弓时间不大于 8 s，受电弓升弓过程中不得冲击接触网。

注意：升弓前高呼“升弓啦”，并鸣笛一长声。

（2）同时断开前后弓按键开关。

① 确认前后受电弓下降。

② 降弓时间不大于 7 s，受电弓下降过程中不得冲击车顶。

注意：这步试验后升起受电弓。

3. 主断路器试验

操作步骤：

（1）闭合合闸按键开关。

① 听主断路器（QD）闭合声，看“主断”信号指示灯灭。

② 听变压器交流震荡声，看网压指示在 396 V 左右，控制电压表指示 110 V。

4. 劈相机组启动试验

操作步骤：

（1）闭合劈相机按键开关。

① 听第一劈相机启动无异音。

② 看“劈相机 1”信号指示灯亮后灭，网压表波动一次。

③ 1 ~ 3 s 后第二劈相机启动无异音。

④ 看“劈相机 2”信号指示灯亮后灭，网压表再波动一次。

⑤ 确认两台劈相机转向正确。

注意：交验机车时确认劈相机的转向。

5. 压缩机组启动试验

操作步骤：

（1）闭合压缩机按键开关。

① 听第一压缩机启动无异音。看“压缩机 1”信号指示灯亮后灭，网压表波动一次。空载启动放风阀排风 3 s 后关闭，同时第二压缩机启动。

② 听第二压缩机启动无异音。看“压缩机 2”信号指示灯亮后灭，网压表再波动一次。空载启动放风阀排风 3 s 后关闭。

③ 确认两台压缩机启动正常，润滑油泵指示压力在 400 ~ 480 kPa 范围内。

④ 总风缸压力达到 900 kPa 时，压力调节器动作，两台压缩机停止泵风。压力调节器调

节范围为 700 ~ 900 kPa。

注意：交验机车时确认压缩机的转向。

（2）闭合强泵按键开关。

总风缸压力上升到 1000 kPa 时，高压安全阀喷气，发出声响警告司机。

注意：试验后断开强泵按键。

6. 牵引风机启动试验

操作步骤：

（1）闭合通风机按键开关。

① 听第一通风机启动无异音。看“通风机 1”信号指示灯亮后灭，“油泵”信号指示灯灭，网压表波动一次。

② 3 s 后听第二通风机启动无异音。看“通风机 2”信号指示灯亮后灭，网压表波动一次。

③ 3 s 后听第三通风机和变压器风机启动无异音。看“通风机 3”信号指示灯亮后灭，网压表波动一次。

④ 再延时 3 s 后听第四通风机启动无异音。看“通风机 4”信号指示灯亮后灭，网压表波动一次。

⑤ 确认各通风机转向正确。

注意：交验机车时确认各通风机转向。

7. 制动风机启动试验

操作步骤：

（1）闭合制动风机按键开关。

① 听第一和第三制动通风机启动无异音。Ⅰ端车顶百叶窗打开，看“制动通风机 1”信号指示灯亮后灭，网压表波动一次。

② 3 s 后听第一和第三制动通风机启动无异音。Ⅱ端车顶百叶窗打开，看“制动通风机 2”信号指示灯亮后灭，网压表波动一次。

注意：交验机车时确认各制动通风机转向。

试验操作顺序如图 4-2 所示。

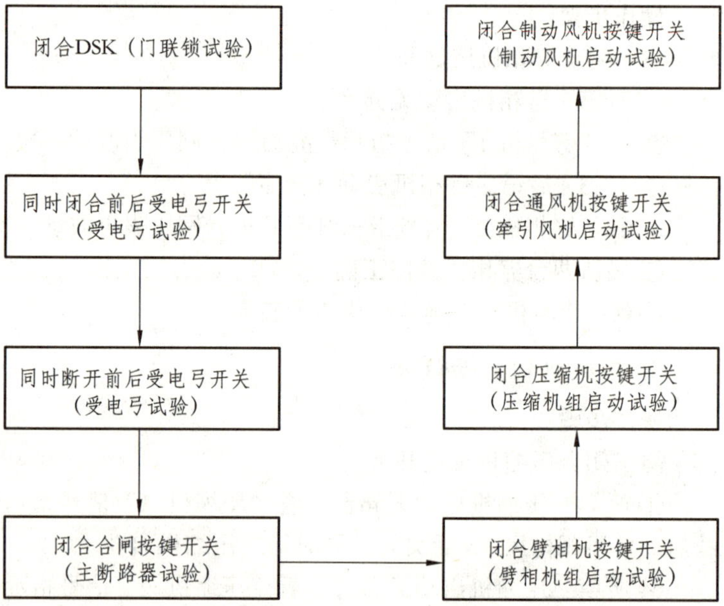

图 4-2　高压整备控制试验操作顺序

实验名称：高压整备控制试验

【实验目的及要求】

【实验原理】

【实验步骤】

【实验记录】

四、项目实施

1. 学习组织形式

本项目实施中，对学生进行分组，3～5 人一个工作组。各组制订实施方案及工作计划，组长协助教师指导本组学生学习，检查项目实施进程和质量，制订改进措施，共同完成项目任务。

2. 工具材料准备

作业工具包括：制服、电钥匙。

3. 作业要求

（1）课前做好预习，熟悉控制电路的控制逻辑。

（2）按照步骤完成高压整备控制试验，试验前需向老师申请，注意先后顺序。

（3）仔细听各继电器或接触器的动作声音，观察指示灯信号是否按控制要求点亮。

（4）对于故障处要做好记录。试验完成后要对司控器、电钥匙归位。

4. 项目评价

考核内容及评分表见表 4-1。

表 4-1　考核内容及评分表

考核标准	考核结果
（1）符合低压整备控制试验的流程	40 分（流程错误或者顺序不对每次扣 2 分）
（2）按要求完成作业	20 分
（3）按要求完成拓展项目	20 分
（4）劳动态度安全生产	20 分

五、项目作业

独立按规定完成高压整备控制试验，完成试验报告。

六、项目扩展

查资料，对比下 SS4G 高压保护试验。

项目五　A 组调速控制、B 组Ⅱ端试验

一、项目任务及要求

项目任务：掌握韶山 3 型 4000 系电力机车 A 组电阻制动试验、司机控制器前进位牵引试验、司机控制器后退位牵引试验、辅助控制器前进位牵引试验、辅助控制器后退位牵引试验、B 组牵引试验、Ⅱ端试验。

时间要求：18 课时。

质量要求：A 组调速控制、B 组Ⅱ端试验是乘务员出乘前对机车电气性能进行测试的必要试验，以保障机车电气安全，包括了 A 组电阻制动试验、司机控制器前进位牵引试验、司机控制器后退位牵引试验、辅助控制器前进位牵引试验、辅助控制器后退位牵引试验、B 组牵引试验、Ⅱ端试验，必须严格按照试验顺序进行逐步测试。

安全要求：确认机车各部无人作业；司机室、低压柜、高压柜、变压器室及车顶均无异物；升弓前低压试验各环节电路正确。

文明要求：自觉按文明生产规则进行项目作业。

环保要求：努力按照环境保护要求进行项目作业。

二、项目分析

（一）项目任务理论

（1）保护阀和风速时间继电器的电路线路原理。

（2）主断路器的控制线路原理。

（3）劈相机组的启动控制线路原理。

（4）辅助电机的启动控制线路原理。

（5）辅助电机故障隔离控制线路原理。

（二）任务分析

A 组调速控制、B 组Ⅱ端试验是高压试验的第二步，包括 A 组电阻制动试验、司机控制器前进位牵引试验、司机控制器后退位牵引试验、辅助控制器前进位牵引试验、辅助控制器后退位牵引试验、B 组牵引试验、Ⅱ端试验。要求学生对调速控制电路原理进行掌握，按照步骤观察相对应继电器的动作，仔细听继电器的吸合和释放时发出的响声。并根据响声判断

电气是否正常。

1. 高压试验准备工作

（1）电子柜 A/B 组转换开关转至 A 组，电源柜 A/B 组转换开关转至 A 组，1～3QGK 置“运行”位，4～6QGK 置“故障”位。

（2）确认各保护装置在“运行”位，SK_T在“0”位。

（3）机车制动，制动缸压力保持 300 kPa。

（4）清除各室杂物，确认各室无人后关闭各室门，拉下锁闭杆。

（5）确认机组人员到齐，车上车下无人作业后开始进行试验。

三、任务实施路径与步骤

（一）任务路径

任务路径如图 5-1 所示。

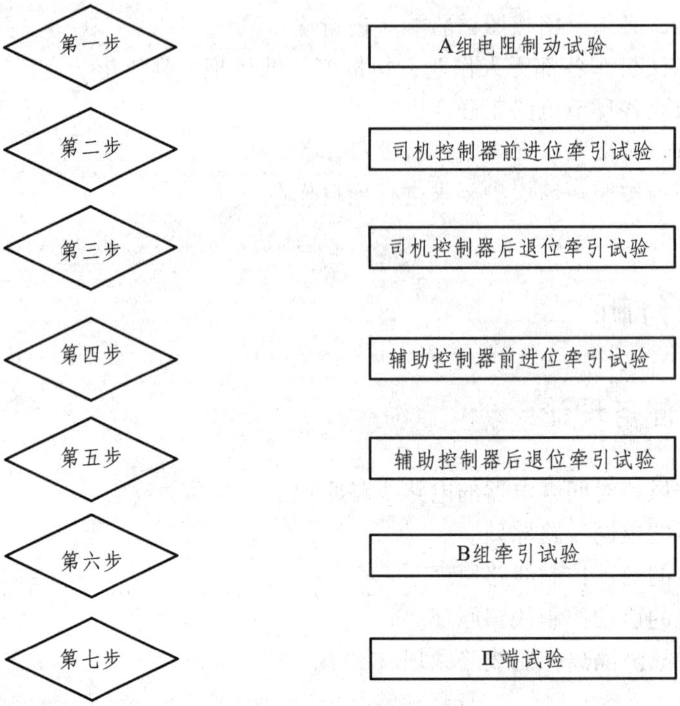

图 5-1　任务路径

（二）任务步骤

1. A 组电阻制动试验

操作步骤：

（1）SK_x由“0”位经“前”位移到“制”位。

① 两位置转换开关转到“向前制动”位。

② 看“预备”信号指示灯灭。

（2）SK_t由“0”位移到“11”级。

① LWZJ 失电释放后看“零位”信号指示灯灭。

② LWSJ 吸合后听线路接触器 1～3XC 和励磁接触器 LC 得电吸合声，看“电制动”信号指示灯亮。

③ 励磁电流表显示 0～700 A，牵引电机电流表显示 50 A 左右。

④ DK-1 型制动机自动减压 50 kPa 保压 25 s 后自动缓解。

（3）机车制动缸压力上升到 300 kPa。

① 1FYJ 动作后 LCZJ 得电自持，听励磁接触器 LC 失电释放。

② 看励磁和牵引电机电流表显示下降到 0，“电制动”信号指示灯灭。

备注：试完后关闭风机，SK_t移“0”位，“预备”信号指示灯亮。

2. 司机控制器前进位牵引试验

操作步骤：

（1）SK_t移“前”位。

两位置转换开关转到“向前牵引”位。

（2）SK_t由“0”位移到“*”位。

① LWZJ 失电释放后看“零位”信号指示灯灭，听两位置转换开关电空阀失电排风声。

② LWSJ 得电吸合后，听线路接触器 1～3XC 吸合声。

③ FSJ 得电吸合后 YZJ 吸合，看“预备”信号指示灯灭。

（3）SK_t由“*”位逐渐移到“3”级。

确认 1～3 牵引电机电流表显示缓慢升至 270 A 左右。

备注：试完后 SK_t移“0”位。

3. 司机控制器后退位牵引试验

操作步骤：

（1）SK_t移“后”位。

两位置转换开关转到“向后牵引”位。

（2）SK_t由“0”位移到“*”位。

① LWZJ 失电释放后看“零位”信号指示灯灭，听两位置转换开关电空阀失电排风声。

② LWSJ 得电吸合后，听线路接触器 1～3XC 吸合声。

③ FSJ 得电吸合后 YZJ 吸合，看“预备”信号指示灯灭。

（3）SK_t由“*”位逐渐移到“3”级。

确认 1～3 牵引电机电流表显示缓慢升至 270 A 左右。

备注：试后 SK_t移“0”位，取出 SK_x插入辅助司机控制器“取”位并移到“0”位。

4. 辅助控制器前进位牵引试验

操作步骤：

（1）FSK_x由“0”位移到“前”位。
两位置转换开关转到“向前牵引”位。
（2）将FSK_t由“0”位移到“*”位。
① LWZJ 失电释放后看“零位”信号指示灯灭，听两位置转换开关电空阀失电排风声。
② LWSJ 得电吸合后，听线路接触器 1 ~ 3XC 吸合声。
③ FSJ 得电吸合后 YZJ 吸合，看“预备”信号指示灯灭。
（3）FSK_t由“*”位逐渐移到“3”级。
确认 1 ~ 3 牵引电机电流表显示缓慢升至 270 A 左右。
备注：试后FSK_t移“0”位。

5. 辅助控制器后退位牵引试验

操作步骤：
（1）FSK_x由“前”位移到“后”位。
两位置转换开关转到“向后牵引”位。
（2）将FSK_t由“0”位移到“*”位。
① LWZJ 失电释放后看“零位”信号指示灯灭，听两位置转换开关电空阀失电排风声。
② LWSJ 得电吸合后听线路接触器 1 ~ 3XC 吸合声。
③ FSJ 得电吸合后 YZJ 吸合，看“预备”信号指示灯灭。
（3）FSK_t由“*”位逐渐移到“3”级。
确认 1 ~ 3 牵引电机电流表显示缓慢升至 270 A 左右。
备注：试完后将手柄取出。
试验操作顺序如图 5-2 所示。

6. B 组牵引试验

操作步骤（见图 5-3）：
（1）电子柜转 B 组。
① 断开主断路器，将电子柜 A/B 组转换开关转至“中间”位等待 5 s 后再转至 B 组。
② 机车制动缸压力上升到 300 kPa 后重新闭合主断路器启动劈相机和压缩机。
（2）SK_x移“前”位。
两位置转换开关转到“向前牵引”位。
（3）SK_t由“0”位移到“*”位。
①LWZJ 失电释放后看“零位”信号指示灯灭，听两位置转换开关电空阀失电排风声。
②LWSJ 得电吸合后，听线路接触器 1 ~ 3XC 吸合声。
③FSJ 得电吸合后 YZJ 吸合，看“预备”信号指示灯灭。
（4）SK_t稍离“*”位。
①注意观察牵引电机电流表的显示。
②当牵引电机电流表显示大于 100 A 时，立即将SK_t移回“0”位。
备注：注意防止冲动。
（5）SK_x移“后”位。
两位置转换开关转到“向前牵引”位。

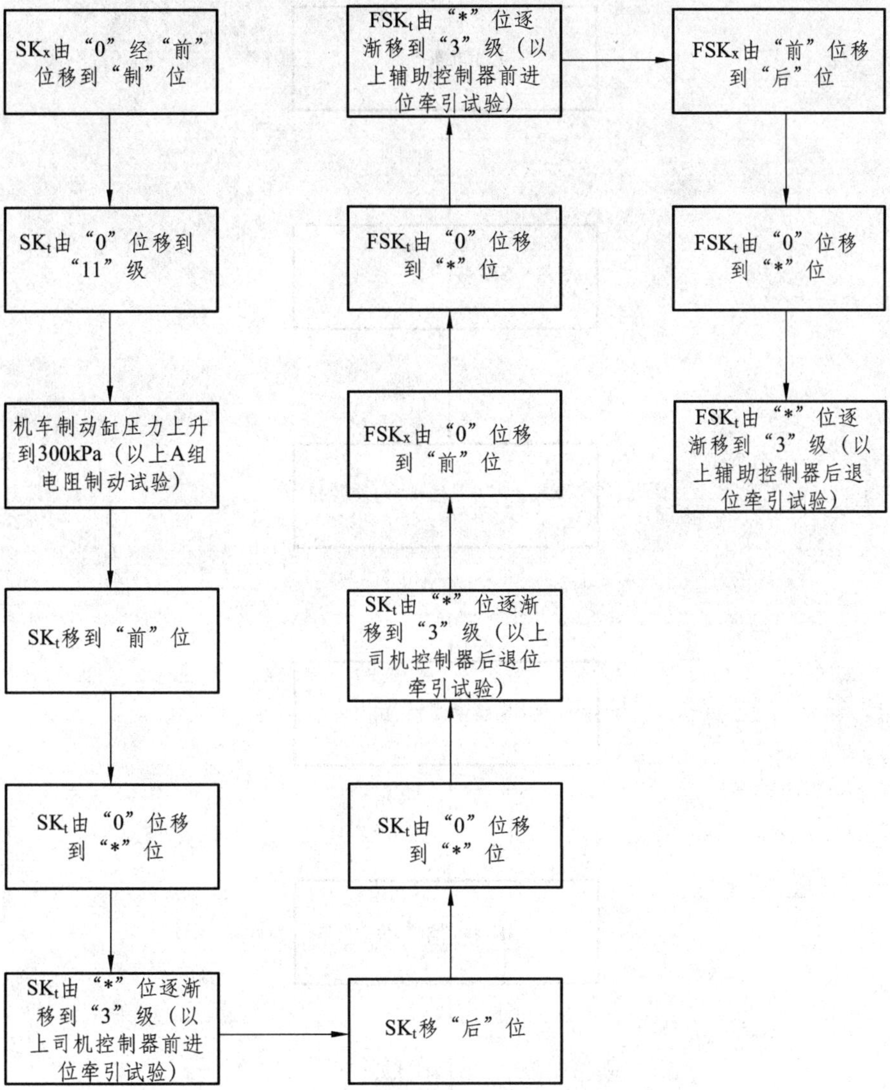

图 5-2　A 组调速控制试验顺序

（6）SK_t 由"0"位移到"*"位。

① LWZJ 失电释放后看"零位"信号指示灯灭，听两位置转换开关电空阀失电排风声。

② LWSJ 得电吸合后，听线路接触器 1 ~ 3XC 吸合声。

③ FSJ 得电吸合后 YZJ 吸合，看"预备"信号指示灯灭。

（7）SK_t 稍离"*"位。

①注意观察牵引电机电流表的显示。

②当牵引电机电流表显示大于 100 A 时，立即将 SK_t 移回"0"位。

备注：注意防止冲动。试后断开主断路器，将电子柜 A/B 组转换开关按要求转换至 A 组。

7. Ⅱ端试验

操作步骤：

（1）转Ⅱ端试验。

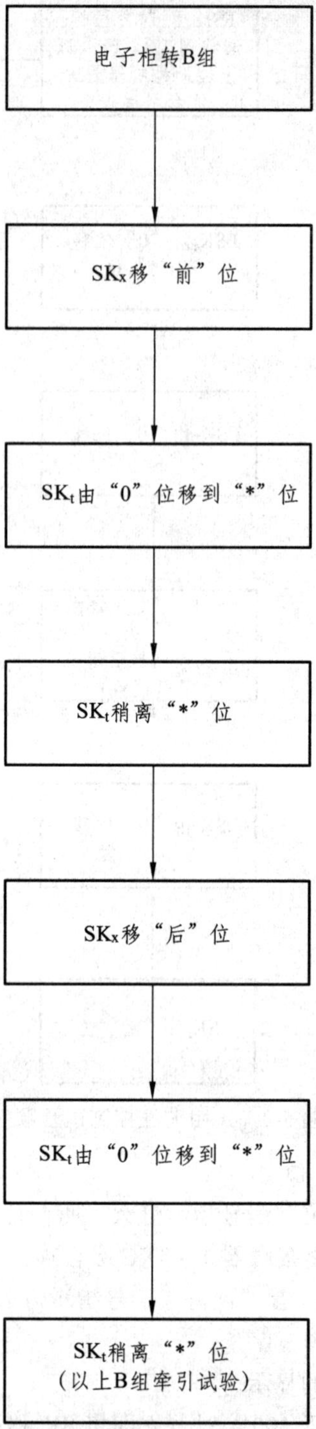

图 5-3　B 组Ⅱ端试验

① 降下受电弓，推开锁闭杆，打开高压室门。

② 控制电源柜转至 B 组。

（2）到Ⅱ端司机室重做以上所有操作步骤。

备注：交验车时做此项试验。

实验名称：高压整备控制试验

【实验目的及要求】

【实验原理】

【实验步骤】

【实验记录】

四、项目实施

1. 学习组织形式

本项目实施中，对学生进行分组，3 ~ 5 人一个工作组。各组制订实施方案及工作计划，组长协助教师指导本组学生学习，检查项目实施进程和质量，制订改进措施，共同完成项目任务。

2. 工具材料准备

作业工具包括：制服、电钥匙。

3. 作业要求

（1）课前做好预习，熟悉控制电路的控制逻辑。

（2）按照步骤完成 A 组调速、B 组Ⅱ端试验试验，试验前需向老师申请，注意先后顺序。

（3）仔细听各继电器或接触器的动作声音，观察指示灯信号是否按控制要求点亮。

（4）对于故障处要做好记录。试验完成后要对司控器、电钥匙归位。

4. 项目评价

考核内容及评分表见表 5-1。

表 5-1　考核内容及评分表

考核标准	考核结果
（1）符合低压整备控制试验的流程	40 分（流程错误或者顺序不对每次扣 2 分）
（2）按要求完成作业	20 分
（3）按要求完成拓展项目	20 分
（4）劳动态度安全生产	20 分

五、项目作业

独立按规定完成 A 组调速、B 组Ⅱ端试验，完成相关实验报告。

六、项目扩展

查资料，对比下 SS4GA 组调速、B 组Ⅱ端试验。

项目六　辅助项目试验及结束程序

一、项目任务及要求

项目任务：掌握韶山 3 型 4000 系电力机车照明灯试验、其他项目试验、零压保护试验、高压试验的结束操作。

时间要求：8 课时。

质量要求：高低压试验是乘务员出乘前对机车电气安全，要进行辅助项目试验，包括照明灯试验、司机室的一些用电测试、零压保护试验，是性能进行测试的必要试验，以保障机车电气安全，当主要电气试验结束后，确保机车电气的后在完成所有测试结束后，高压试验结束。要求严格按照步骤完成最后的测试。

安全要求：确认机车各部无人作业；司机室、低压柜、高压柜、变压器室及车顶均无异物；升弓前低压试验各环节电路正确。

文明要求：自觉按文明生产规则进行项目作业。

环保要求：努力按照环境保护要求进行项目作业。

二、项目分析

（一）项目任务理论

（1）照明灯的电路线路原理。

（2）电炉、热风机、风扇等电路线路原理。

（3）零压保护电路线路原理。

（二）任务分析

辅助项目试验和结束程序因为项目内容较少，合并放在最后一章，包括照明灯试验、其他项目试验、零压保护试验，高压试验结束。要求学生对调速控制电路原理进行掌握，按照步骤观察相对应继电器的动作，仔细听继电器的吸合和释放时发出的响声。并根据响声判断电气是否正常。

1. 高压试验准备工作

（1）电子柜 A/B 组转换开关转至 A 组，电源柜 A/B 组转换开关转至 A 组，1 ~ 3QGK 置“运行”位，4 ~ 6QGK 置“故障”位。

（2）确认各保护装置在“运行”位，SK_t 在“0”位。

（3）机车制动，制动缸压力保持 300 kPa。

（4）清除各室杂物，确认各室无人后关闭各室门，拉下锁闭杆。

（5）确认机组人员到齐，车上车下无人作业后开始进行试验。

三、任务实施路径与步骤

（一）任务路径

任务路径如图 6-1 所示。

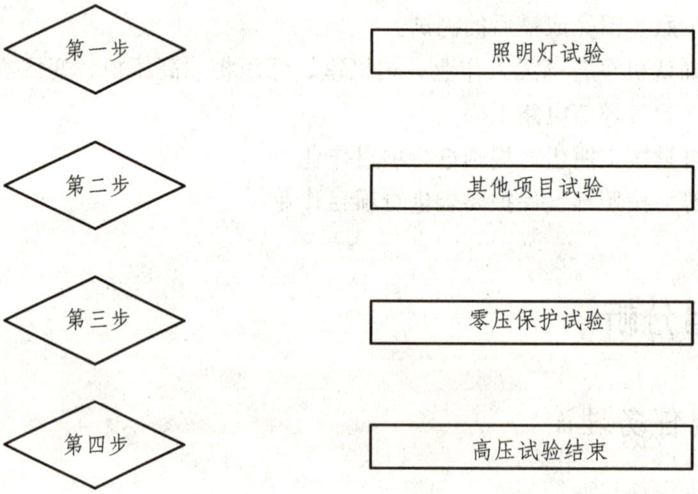

图 6-1　任务路径

（二）任务步骤

1. 照明灯试验

操作步骤：

（1）闭合前照灯按键开关。

前照灯接触器 1（2）QDC 得电吸合，前照灯亮。

（2）断开前照灯按键开关。

前照灯接触器 1（2）QDC 失电释放，前照灯熄灭。

理论链接 1：前照灯电路原理

电源由“前照灯”6ZK 自动开关提供，当导线 236 得电时，前照灯实践继电器 1QDSJ、2QDSJ 线圈即得电吸合，处于准备状态。按下“前照灯”按键开关 1FKZ8 或 1ZKZ11，使Ⅰ端前照灯直流接触器 1QDC 线圈得电吸合，1QDC 触头接通汞氙灯起辉。同时，依靠 1QDC 联锁切断 1QDSJ 线圈电路，1QDSJ 延时 3s 释放动作，通过 1QDSJ 联锁切除汞氙灯触发器电路，前照灯 1QZD 启动完毕。同理，按下 2FKZ8 或 2ZKZ 1 按键开关，可操纵Ⅰ端前照灯起动和照明。

线路为：N230→6ZK→236→505→1QDC→1QDJR→507→1QDC（前照灯）→N300。

N230→6ZK→236→506→2QDC→2QDJR→508→2QDC（前照灯）→N300。

（3）闭合主副台各照明按键开关。

相应的照明灯亮。试验后断开照明开关。

理论链接 2：副前照灯电路原理

副前照灯电源由 7ZK 自动开关提供，按下副前照灯按键开关 1FKZ7 或 2ZKZ10，经限流电阻 3QDJR，接通Ⅰ端 1FQZD 和 3FQZD 副头灯投入工作。同理，操作按键开关 2FKZ7 或 1ZKZ10 可控制Ⅱ端 2FQZD 和 4FQZD 投入工作。

线路为：N230→7ZK→1FKZ7/2ZKZ10→3QDJR→515→1FQZD//3FQZD。

N230→7ZK→2FKZ7/1ZKZ10→4QDJR→516→2FQZD//4FQZD。

2. 其他项目试验

操作步骤：

（1）闭合电炉开关。

电炉发热，试验后断开电炉开关。

（2）闭合热风机开关。

司机室电风扇和热风机工作正常，试验后断开热风机开关。

（3）闭合司机室风扇按键开关。

司机室风扇转动正常，试验后断开司机室风扇开关。

（4）打开雨刮器风路塞门。

雨刮器转动正常，试验后关闭雨刮器风路塞门。

（5）观察电度表。

表盘转动正常。

3. 零压保护试验

操作步骤：

（1）关闭压缩机后断开受电弓按键开关。

① 听压缩机接触器 1YDC 和 2YDC 释放声。

② 确认受电弓降落。

③ 看网压表指示电压下降，降至“0 V”1 s 后零压时间继电器 LYSJ 释放，零压中间继电器 LYZJ 得电吸合后主断路器断开。

理论链接 3：零压保护控制原理

零压保护即为接触网供电失压保护，以防止供电失压后再送电可能出现的事故。零压保护由变压器 LYB（380 V/127 V）经故障转换开关 LYK 跨接在主变压器 a6—x6 绕组输出线上（104、105），变压器 LYB 次边经限流电阻 LYR、硅整流器 LYGZ 后输出直流，零压继电器 LYSJ 是延时释放的直流时间继电器，接触网正常供电时受电吸合，吸合动作后接入稳压管 LYWY（2×25 V）和保护电容 LYC，仅使零压时间继电器 LYSJ 保持一个维持电压（60 V）值，以提高继电器返回系数，即提高零压继电器保护动作灵敏度。当接触网供电失压，且失压时间大于 1 s 时，LYSJ 失电释放，并控制机车主断路器 QD 分闸，在主司机台显示“零压”信号。同时还切断控制电路中各辅机接触器，使各辅机停止工作。零压保护延时 1 s 动作的作用是避免由于受电弓短暂脱弓而引起误动作。

线路为：N104/105→LYK→N111→LYB→N112→LYR→N114→LYGZ→N116→LYSJ// LYWY //LYC→LYSJ→N300。

4. 高压试验结束

（1）断开劈相机按键开关。

听 1 ~ 2PXC、1 ~ 2YSJ、1 ~ 3QFSJ、ZFSJ 失电释放声。

（2）断开电气连锁开关 DSK 并取出。

听机车高压室门联锁保护阀 BHF 失电排风声、门连锁动作声，看司机台信号指示灯。试验完后使机车保持制动状态。

四、项目实施

1. 学习组织形式

本项目实施中，对学生进行分组，3 ~ 5 人一个工作组。各组制订实施方案及工作计划，组长协助教师指导本组学生学习，检查项目实施进程和质量，制订改进措施，共同完成项目任务。

2. 工具材料准备

作业工具包括：制服、电钥匙。

3. 作业要求

（1）课前做好预习，熟悉控制电路的控制逻辑。

（2）按照步骤完成辅助试验结束试验，试验前需向老师申请，注意先后顺序。

（3）仔细听各继电器或接触器的动作声音，观察指示灯信号是否按控制要求点亮。

（4）对于故障处要做好记录。试验完成后要对司控器、电钥匙归位。

4. 项目评价

考核内容及评分表见表 6-1。

表 6-1　考核内容及评分表

考核标准	考核结果
（1）符合低压整备控制试验的流程	40 分（流程错误或者顺序不对每次扣 2 分）
（2）按要求完成作业	20 分
（3）按要求完成拓展项目	20 分
（4）劳动态度安全生产	20 分

五、项目作业

独立按规定完成辅助试验、结束试验。

六、项目扩展

查资料，对比下 SS4G 辅助试验、结束试验。

参考文献

[1] 刘友梅. 韶山 3 型 4000 系电力机车[M]. 北京：中国铁道出版社，1996.

[2] 董亚男，陈友伟. 电力机车牵引控制技术[M]. 成都：西南交通大学出版社，2016.

[3] 雷金成. 韶山 3 型电力机车电气故障的判断和处理[M]. 北京：中国铁道出版社，1995.

[4] 苏桃. 电力机车电气设备与控制[M]. 北京：北京交通大学出版社，2014.